AF451916

PREMIÈRE ANNEXE

SUR

LA JUSTICE

ET

LES JUGES

ET SUR LE

PROJET DE RÉFORME JUDICIAIRE

MÉMOIRES
POUR SERVIR A L'HISTOIRE D'UN RÉGIME CONSTITUTIONNEL

PAR

M. BORÉLY

ANCIEN PROCUREUR GÉNÉRAL

Institué un mois après la révolution de juillet 1830,
Disgracié deux mois avant la révolution de février 1848.

Hic et hic, nunc et nunc,
ubi, ubique,
Justitia indiget reformatione.

PARIS

LIBRAIRIE GERMER BAILLIÈRE
17, RUE DE L'ÉCOLE-DE-MÉDECINE
1873

PREMIÈRE ANNEXE

sur

LA JUSTICE

et

LES JUGES

A

M. T. ROBINSON WOOLFEELD

A CANNES

Aix, 20 mars 1870.

My dear Sir,

Ne croyez pas m'avoir fait un tout petit présent ni trop ordinaire, en m'envoyant, avec votre obligeance toujours si empressée, la photographie exécutée à Londres par Mayal et représentant si parfaitement lord Brougham et Berryer.

Plus je regarde et mieux j'étudie ces deux grandes physionomies de l'intelligence et du droit, plus je reconnais les destinées qui ont été faites à deux caractères si éminents.

Votre high lord Chancellor est ce fort et vigilant pasteur qui ne garde pas seulement le troupeau auquel il est attaché, mais qui regarde au loin, craignant les loups et tous les animaux malfaisants qui menaceraient sa tranquillité et son pâturage. Si l'on allait jusqu'au style biblique, on dirait que ce grand chancelier est le pontife suprême du droit, pasteur des pasteurs, père d'un peuple libre et chrétien, et qu'il a reçu du Sauveur des hommes la mission de paître les agneaux et les brebis, c'est-à-dire le troupeau tout entier. Aussi ce gardien de la loi, comme vous l'appelez, exerce-t-il sur l'Église libre une primauté d'honneur et de juridiction qui résulte presque de l'institution divine.

Notre illustre avocat ne paraît être que ce berger préposé à la conservation de ses paisibles moutons. Il les garde bien autour de lui; il le regarde toujours avec plus de complaisance, afin que pas un ne se dévie et ne lui échappe. C'est son troupeau; mais ce troupeau ne sera jamais destiné qu'à la conservation de sa fidélité personnelle, de sa renommée justement acquise et peut-être aussi d'une illustration méritée.

Toutefois, ce ne sera jamais là que ce pâtre si bien dépeint par un conteur fort graveleux, dont il n'est pas toujours permis de tout rappeler ni de tout dire :

> « On est longtemps à s'entre-regarder ;
> » Le plus hardi va-t-il tenter l'affaire ?
> » Le reste suit et fait ce qu'il voit faire.
> » . . . .
> » . . . .
> » J'ai donc posé dès ce premier abord
> » Que tout exemple est de force très-grande
> » Et ne me suis écarté pas trop fort. »

Mais notre histoire actuelle, notre histoire française de ce temps et de certaines gens, annonce cependant qu'un illustre berger tint bon dans son parti, mais que le parti, s'affaiblissant toujours davantage, a fini par tant s'amoindrir qu'il est presque totalement décomposé par la république et l'empire, qui ont passé et qui passent.

Au contraire, dear Sir, rien ne passe chez vous. Votre justice est immuable comme votre trône, comme votre devise et votre croyance : *Dieu et mon droit.*

C'est alors que vous m'envoyez cette physionomie de high lord Chancellor, qui jette au loin son regard vigilant, conjurant, menaçant partout l'ennemi.

Vous placez vis-à-vis de cette redoutable tête cette face si française, toujours plus satisfaite d'elle-même, jouissant à l'aise de son auréole de fidélité légitimiste et de sa glorieuse renommée oratoire.

Après lui, que laisse Berryer ? Un parti vaincu, parti qui, sans chef maintenant, s'en ira comme il s'en va toujours davantage, avec quelques débris honorables et qui, néanmoins, ne méritent que d'être honorés.

Après notre illustre ami, après ce grand chancelier de la Grande-Bretagne, l'Angleterre continue à jouir de sa prépondérance dans le monde entier, de sa prospérité dans toutes ses possessions et de tous les avantages que procurent la justice et la liberté.

Si je n'étais pas, dear Sir, ce que je suis, vous savez ce que je voudrais être toujours, votre sympathique et très-affectionné.

B.

Kersyer
H. Brough
29 Nov 1809

Mon cher ami —

Vous me demandez
comment et avec quelles formalités sont
reçus les avocats en Angleterre, —
Vous ne pouviez mieux vous adresser —
Il est vrai que je ne suis pas avocat, et
que je connais peu les us et coutumes
de ces Messieurs — Mais, comme vous
le savez bien, ma maison de campagne
de Putney était fréquentée autrefois
par les avocats les plus distingués —
Je ne vous en citerai que deux —
notre ami Lord Brougham et Charles
Austin, le meilleur causeur et le
plus spirituel des Anglais qui a
gagné une grande fortune en
plaidant pour et contre des chemins
de fer et qui s'est retiré dans sa
belle terre de Brankestou, le prix de
son savoir et de son éloquence —

Voici donc comment les choses se passent — Les jeunes gens, qui ont passé le temps voulu dans un des collèges d'avocats (_Inns of Court_) c'est à dire Lincoln's Inn — The Inner — & the Middle Temple — Grays Inn &c(le temps voulu étant de cinq ans pour ceux qui n'ont pas passé les examens à l'Université (_taken their degrees_) et de trois ans pour ceux qui les ont passés) se présentait au jour determiné par la loi devant un des juges du Royaume Uni et six anciens avocats, dans la grande salle de Westminster — le postulant produit d'abord les papiers necessaires c'est à dire son acte de naissance &c et les documents qui prouvent qu'il a mangé et payé à certains jour ou bien dans un des collèges

ci dessus cités, dans la grande salle
du Collège des neuf cents où les quinze
cents dîners exigés par la loi et qu'il
se trouve ainsi assez éclairé sur les
lois Anglaises pour demander à
être admis comme avocat au barreau.
Après vérification de ses papiers, le
juge président, lui donne la parole
en lui disant de faire voir sa
science – Le jeune homme commence
alors un beau discours sur la loi
en général – mais à peine a-t-il
prononcé quelques paroles, quand
le plus jeune des avocats assesseurs
lui fourre dans la bouche un
morceau de laine prise exprès
dans le fameux sac de laine
où est assis le Lord Chancelier
comme président de la chambre

des Pairs — cet acte surprend nécessairement le postulant, qui, s'il
n'est pas prévenu et s'il n'a pas
d'esprit, s'inquiète et veut continuer
son discours, malgré la laine qu'on
lui fourre continuellement dans la
bouche et malgré l'hilarité des
assistants — A la fin il s'aperçoit
qu'il a assez parlé et il fait sa
demande d'être reçu avocat —
Alors, et lorsqu'il a bien débarrassé
sa bouche de la laine un des
avocats assesseurs lui donne des
bonbons pour lui maintenir la
parole douce — et le juge lui
fait un compliment sur son grand
savoir et sa lucide éloquence —
et lui dit qu'il est reçu avocat —

après que tous les jeunes gens ont été
reçus, ils se rendent tous ensemble
avec le Juge et les six assesseurs
en grands habits de ceremonie et le
bourreau tout vêtu de rouge comme
au temps d'Henri VIII. et portant
la grande hâche, à l'un des
grands restaurants de la Cité
de Londres, où les jeunes gens
reçus payent un dîner gigantesque
et où les avocats mangent et
boivent, comme les avocats seuls
savent manger et boire — On porte
les toasts d'occasion au chef de
l'Etat — aux juges — au barreau
&c. — lorsque le dîner est terminé
et qu'on est sur le point de

quitter la table, le bourreau se
lève et frappe trois grands coups
du revers de la hache sur la
table et dit à haute voix —
" Avocats et juges souvenez
vous toujours de moi " —
après le dîner ils s'en vont
tous ensemble passer la nuit
ou à Vauxhall ou à
Cremorne où ils font des
farces incroyables —
Le lendemain ils sont tous
redevenus les hommes les
plus reservés et les plus
respectables de la Vieille Angleterre.

Voilà, mon ami, ce que vous
m'avez demandé — J'espère
que vous en serez content —

Je vous serre la main
cordialement — J Temple Leader —

Ce récit ayant été écrit par
un Anglais en Provence, on
est prié d'excuser les fautes
de Français —

Cannes —
le 14 Sept.^{bre} 1872

CHAPITRE PREMIER

Avocats,

Plaçant en frontispice et sous vos yeux ces deux grandes physionomies du droit, de votre ordre et de notre époque, n'allez pas croire que, sérieusement à mon âge et en dehors de tant de bouleversements dans les idées, dans les corporations et dans la localité elle-même, j'entende vous donner une image; je dis tout d'abord et sans hésitation que vous n'en méritez aucune.

J'ai à le dire, à le prouver et à le démontrer à tous. J'ajoute seulement que si cet exorde pouvait paraître trop familier, c'est pour exprimer, en d'autres termes, que tout secret, en cette matière, n'est que le secret de la comédie. Plaintes à demi-voix, sourdes et basses récriminations ne sauraient insinuer que ce que chacun sait et sait bien, que ce que chacun tait et sait taire.

Rappelons-nous ce que disait le plus gracieux poëte du vieux temps, ce qu'il se répétait à lui-même, ce qu'il disait à Ligurinus lorsqu'il apercevait dans un miroir le changement de ses traits : « *Pourquoi ai-je aujourd'hui des* » *pensées que je n'avais point autrefois, ou pourquoi avec* » *mes idées d'aujourd'hui n'ai-je plus mes traits d'au-* » *trefois?* »

C'est ainsi que nous nous trouvons sans cesse ramenés à ce que nous écrivions au début de notre œuvre : «*qu'après avoir senti la justice lorsqu'on ne la comprend pas, on a été assez heureux de la comprendre lorsque d'autres ne la sentent pas toujours.* »

Mais lorsqu'on est enfin parvenu à comprendre clairement ce que chacun éprouve en soi-même, mais sans pouvoir s'en rendre un compte exact ; que c'est par notre système juridique et l'organisation de notre magistrature que sont survenus tous les désordres politiques qui fondent sur nous, il faut moins que jamais garder le silence.

Notre devoir est de dire tout haut ce que doit enfin connaître le barreau d'une ville telle que la nôtre, aussi intéressant par l'histoire de ses espérances que par le récit de ses malheurs.

Tant pis pour ceux qui ont préféré la fortune à l'honorabilité de leurs fonctions, qui ont fait de la barre le marchepied de leur ambition, trafiqué du plus noble mandat, et par le honteux accouplement de leur noble mission et de la soif d'un gain excessif, asservi la plus indépendante des professions.

Ainsi donc, disciplinairement et sans arrière-pensée,

avec cet ancien langage qui ne vieillit pas plus aujour-
d'hui qu'il ne faiblissait jadis sous la même férule du plus
illustre et du plus courageux de nos chefs, comme le
prouva, dans son fameux réquisitoire du 4 janvier 1763,
le procureur général Monclar, nous accusons aujourd'hui,
ici même, cet autre corps contemporain, qui, dans le même
temple, devant les marches des mêmes autels, présente
dans les annales françaises des rapprochements et des
anomalies que l'histoire n'avait encore vus nulle part.

Les paroles que cet ancien chef du ministère public
adressait à un parlement si jaloux du maintien de ses
droits, ces mêmes paroles nous les invoquons de nos jours
contre un barreau qui ne craint pas de déchoir par l'abandon de son indépendance et de son désintéressement.

Il y a donc lieu, par contre, de retourner contre un
bâtonnier et contre la faiblesse de son conseil ce que pro-
fessaient jadis nos juges souverains sur une institution
pervertie, déviée de son origine et toujours plus vivace.
Serait-ce notre barreau qui, de nos jours, voudrait rani-
mer dans son sein et par ses actes ce que l'ancienne justice
flétrissait et repoussait si solennellement dans le plus fallacieux de ses préceptes, à savoir « que la fin justifie les
moyens ? »

Toutefois, hâtons-nous de le dire dès le début, il ne
saurait dans cet écrit y avoir rien de personnel aux différents bâtonniers de l'ordre, dont quelques-uns nous sont
particulièrement attachés. Nous savons trop le respect que
mérite la vie privée de chacun.

Mais nous n'avons pu surmonter notre indignation pour
la façon dont l'un d'eux, à la tête de son conseil, s'est con-

duit officiellement à notre égard, oublieux de tout le respect dû à un ancien magistrat, qui avait cru pouvoir sortir de sa retraite, pour prendre en main la cause du barreau et lui montrer la route que suivaient ceux qui l'avaient précédé.

Que d'autres gardent le silence lorsqu'ils ont à supporter de la foule les humiliations et les avanies qu'elle fait subir en tous temps à ceux qui ont été les dépositaires du pouvoir. Mais quand un général se voit insulté par le chef subalterne d'un corps qu'il a si longtemps commandé en personne, il est dans l'obligation de prendre hautement et hardiment la parole.

On n'a pas certes la pensée de châtier tant d'inconvenances comme elles mériteraient de l'être, mais après ce qui s'est passé il y a peu d'années, il nous faut user des mille voix de la presse, après avoir dénoncé l'insulteur comme nous l'avons fait à cette époque. Mais le même silence qui s'était fait alors a été également ordonné à l'occasion de notre ouvrage sur *la Justice et les Juges*. Tous ont obéi au mot d'ordre. Peut-être serons-nous entendu cette fois.

« J'accuse, s'écriait en haut parquet — il y a juste cent
» dix ans, — j'accuse l'indépendance et la morale d'un
» ordre célèbre par sa moralité et son désintéressement,
» de cet ordre qui a su gagner la confiance publique, dé-
» fendre la veuve et l'orphelin, et qui a produit de grands
» orateurs.
» Serait-ce donc que, par une de ces révolutions qui sont
» inévitables dans le cours des choses humaines, que cet

» ordre, tombant en décadence, aurait corrompu ses voies ?
» Non, messieurs, le régime que j'attaque fut à peu près
» le même sous nos despotismes passés ; les défaillances
» que je crois devoir déférer à votre censure sont aussi
» anciennes que la fondation de tout pouvoir perverti ; la
» morale dont je me plains se découvre ici comme jadis ;
» tous les abus qui excitent notre vigilance sont nés avec
» ce mobile mystérieux et puissant qui ne cesse d'agir ; les
» accusations datent de loin et de la même cause ; chaque
» année de ses annales nous fait voir des flétrissures humi-
» liantes et des monuments glorieux, des suffrages hono-
» rables et des censures accablantes.

» Quel étrange phénomène, messieurs ! il piquerait la
» curiosité de tout esprit raisonnable, quand il n'intéresse-
» rait pas aussi essentiellement l'homme et la société. Après
» tant de siècles d'expérience, c'est encore un problème
» de savoir si cette société est née pour la défense des
» uns et l'édification de tous. »

Pourquoi devrions-nous persister ici dans l'examen de
questions qui paraîtraient infimes et personnelles, si nous
ne nous retrouvions en tout point dans une situation ana-
logue. Nous ne l'essayerions point, si nous n'avions à notre
disposition un moyen qui triomphe de tout. Ce moyen, et
nous pouvons ajouter, le seul remède de tous les temps et
de toutes les sociétés, de tous les peuples qui veulent enfin
jouir des libertés nécessaires et du libre arbitre, ce suprême topique que nous n'avons cessé d'invoquer avant,
pendant et après notre longue magistrature et dans notre
paisible retraite, ce souverain remède, le plus efficace de

tous, ne peut être que la presse opiniâtrément souhaitée, opiniâtrément soutenue, opiniâtrément maintenue dans quelque temps et dans quelque crise que ce soit.

C'est par l'effet de ces tendances et de nos vieilles habitudes, que trop souvent aussi nous avons usé de ces aphorismes qui précèdent les chapitres et doivent en développer l'idée principale. Le spirituel Topffer ne disait-il pas : « *Menteur comme une épitaphe* »; et un autre ne s'est-il pas écrié : « *Menteur comme un titre* » !

Mais s'il nous fallait exprimer toute notre pensée sur ce qui a eu lieu à la suite de notre première publication, nous dirions que, si notre livre sur *la Justice et les juges* a été mis à l'index dès le début et se voit encore si sévèrement proscrit, c'est qu'on ne se souvient pas des temps anciens où nous trouvons tant d'exemples à citer et parfois aussi de si fortes ressemblances avec le nôtre.

A chaque époque, à chaque changement politique, à chaque crise que traversait la société, l'organisation judiciaire française est l'institution qui a été la plus attaquée, et parfois la plus méprisée des autres nations et la plus honnie de nos concitoyens. Plus que jamais il nous faut dire que la justice de notre pays et tout ce qui s'y rattache ont besoin et grand besoin de réforme.

Lorsque c'est l'aristarque le plus spirituel et le plus malin qui à son tour lance contre elle son dard de guêpe et dit : « Plus ça change, plus c'est la même chose », nous, à notre tour, plus véridique et plus juste, nous disons : Plus ça change, plus cela a besoin de réforme.

Les preuves en sont évidentes. On ne fait depuis quatre-vingts ans que changer les hommes et non les institutions.

Il est donc impossible qu'il en soit autrement tant que l'on suivra le même système, les mêmes institutions et les mêmes éléments. *Delenda est Carthago!*

Quand, après avoir exposé clairement notre doctrine, après en avoir démontré les bienfaits, l'application claire, facile et fructueuse, nous nous voyons maudit et proscrit, nous ne nous désistons pourtant pas de notre idée première d'en appeler sans cesse, sans découragement, bravant toutes les luttes, et d'en référer à la France mieux éclairée, mieux instruite, mieux informée, à son gouvernement qui doit être mieux secondé et mieux en rapport aussi avec les aspirations de tous.

Mais c'est avancer bien loin dans l'avenir. Quand donc sera compris ce travail en deux volumes qu'aucun n'a voulu et ne veut lire, acheter, et moins encore l'avouer ?

Qui donc croira jamais qu'un livre sur *la Justice et les Juges*, fait en siége de cour souveraine par l'ancien mandataire direct de la couronne, en présence de son barreau, soit une œuvre si proscrite d'avance et n'ait été demandé ni lu peut-être par aucun magistrat, ni par aucun jurisconsulte ?

Si l'on soulevait le voile qui cache autant d'indifférence et tant de félonie, tant de hontes et tant de misères, ce serait sans doute l'argument le plus fort pour démontrer la nécessité d'un livre sur la *réforme judiciaire* et sur des *mémoires destinés à l'histoire d'un régime constitutionnel.*

En ceci et à notre encontre, il y a plus que de ne pas acheter ; il y a à savoir de plus que dans une ville de justice souveraine, de barreau et d'étude, six exemplaires seulement ont trouvé six acheteurs, atteints et convaincus d'une

pareille audace. Il y a, c'est une honte à relever et à dire,
il y a ce silence prescrit dans tous les rangs, presque rigou-
reusement observé dans la presse locale et rigoureuse-
ment exécuté à deux pas dans cette grande cité de 300 000
habitants, et dans toute la presse de Provence et de plus
loin.

Toutefois, un ou deux de nos rares amis, de grands et
hauts caractères, ont pu dédommager d'une tactique pareille,
toujours affligeante en quelque pays que ce soit.

. Si nous avons cru n'avoir fait aucune omission dans nos
envois et, si quelques-uns ont bien voulu répondre à notre
politesse et à nos prévenances, nous pouvons nous consoler devant une commission législative qui a dû être
saluée par nous avec le plus grand empressement et qui,
en voulant se renfermer dans son ignorance et ses mépris,
n'a pas fait plus preuve de politesse individuelle que
de science spéciale.

Mais lorsque le prince le plus cher de notre famille recevait une simple et modeste dédicace, il ne renvoyait pas
au lendemain pour satisfaire à un devoir que l'on néglige
si souvent en région inférieure, mais jamais en bonne
renommée de trône et de tribune.

Ce sera donc à ce dernier sujet que va se présenter une
particularité qu'il n'est pas insignifiant de connaître dans
un passé déjà loin de nous, dans le présent du quart
d'heure, et dans cet avenir qui peut avoir lieu demain ou
plus tard.

M. Odillon-Barrot, recevant, le 26 mars 1872, notre
œuvre dernière, nous répondait le 27 du même mois, et
nous rappelait dès lors une sympathie qui datait de loin,

qui ne s'est pas effacée de notre esprit, et qui, comme souvenir rétrospectif, tout historique, mérite peut-être d'être connue; nous voudrions la retracer le plus brièvement possible.

C'est à l'occasion de cet éminent orateur du barreau que survint, il y a déjà plus de trente ans, une de ces occasions qui ont tant d'influence dans les affaires du pays et dans celles d'une époque mémorable.

Lorsque le ministère Thiers se retirait, en 1840, sur le refus du programme le plus naturel et le plus normal, il était déjà question d'appeler M. Odillon-Barrot à la présidence d'une chambre nouvelle. Comme toute administration qui connaît sa situation et apprécie celle du pays, le premier ministre demandait la dissolution de la chambre des députés et la présidence de celui qui devait le mieux diriger dans une voie nouvelle qu'aurait acclamée le pays.

J'ignore si M. Odillon-Barrot connaissait les projets qu'on avait sur lui et qui peut-être alors n'étaient connus que du roi et de son conseil.

Ce que je crois mieux me rappeler, c'est que le prince fut seul opposant, qu'il soutint son opinion par les motifs contraires à ceux de la proposition ministérielle. « Que » dira donc l'Europe d'un souverain, objectait ainsi le roi, » qui serait livré de la sorte à ce libéralisme faisant déjà » tant de peur à l'Europe. Lord Palmerston est par trop » agacé de cette obstination à soutenir le pacha d'Égypte » et à encourir la disgrâce ou le désaccord pouvant survenir de la Turquie elle-même. L'Europe aurait donc un » nouveau prétexte pour contrarier un nouveau roi et des » idées nouvelles. »

D'autre part, les raisons opposées n'étaient pas les moins rassurantes et devaient être victorieuses : elles ne le furent pas. M. Guizot apparut comme un trait d'union qui ne fut que le trait le plus évident de la désunion entre le véritable libéralisme actif dont la France avait besoin, et le libéralisme passif qu'un bon prince âgé s'efforçait d'allier avec la paix du pays et les nécessités de l'époque.

M. Thiers fut vaincu, et M. Odillon-Barrot oublié.

M. Guizot fut vainqueur, et ses influences ne durent tendre qu'à maintenir un *statu quo* et à se maintenir ainsi par les machinations électorales et les corruptions magistrales.

Rien n'a été plus démontré dans ce ressort et sous une administration dont on connaît les actes principaux et les véritables tendances. Quand on n'a cessé de signaler tout ce qui se passait dans la magistrature et aux élections, quand on a mis à nu la déviation de ces deux grandes institutions du pays qui, en corrompant la justice et la représentation nationale, ont tout perdu et amené les plus terribles révolutions, ne serait-il pas permis d'insister à quatre-vingts ans de distance et d'en revenir au même point? Après cette troisième invasion du pays, après tant de troubles et tant de désastres à la capitale même, ne faudrait-il pas enfin surmonter tous ces flots, en reprendre le fil et s'arrêter une fois pour toutes à ce trône qui fut si fatalement brisé et à l'oubli d'exils si noblement supportés.

Que M. Thiers avec M. Odillon-Barrot, que les plus sages de la droite et de la gauche d'une Assemblée *provisoire* s'immortalisent par le *définitif* le plus simple et le plus naturel; que ce qu'il y a d'honnête et de convaincu

dans cette France qui a tant besoin de repos et de résurrec-
tion, que tous acclament l'établissement monarchique et le
rappel de la dynastie constitutionnelle, et la justice triom-
phera ; son seul triomphe garantira à jamais, assurera pour
toujours la paix intérieure et une réconciliation générale,
sincère et définitive.

Mais en attendant et en espérant tous ces résultats si
souhaitables et si souhaités, jetons un dernier regard sur
ces faits qui signalent et démontrent si clairement toute la
défaillance et tous les affaissements auxquels a succombé
ce corps qui devrait être si jaloux de son indépendance et
des vertus qui l'ont tant honoré dans les siècles passés.

Mais alors que toute la presse est encore bâillonnée de
près et de loin, toujours plus anxieuse de ses intérêts particuliers que du bien public ; alors qu'on n'a lu et qu'on n'a
voulu lire tant de doléances réitérées, et surtout cette plainte,
en discipline judiciaire si formellement dénoncée au ministre, à la cour du ressort, au chef du parquet et de
l'autorité métropolitaine; alors surtout que tout était ainsi
articulé, rapporté et presque signifié au barreau lui-
même, qu'est-il donc revenu de tous ces cris d'alarmes et
de la plainte la mieux formulée et la plus accentuée? Si
chacun s'est tû dans les hauts rangs officiels, qu'a-t-il donc
été fait dans cet ordre qui devait être au premier rang de
sa défense personnelle, de sa dignité et de son indépendance, de ses droits directs, de ses dommages indirects?

Si l'on ne perd pas de vue la situation d'une époque
asservie et du temps le plus calamiteux pour la mortalité
publique, ne faut-il pas chercher à sortir de tant d'abaissement? Chacun ne doit-il pas tâcher de reprendre sa place

et en écarter cet ingrédient morbide qu'il ne faut cesser de signaler et de combattre ? Il ne saurait y avoir plus d'homogénéité dans la situation de chacun. Il n'y a jamais eu de doléance plus péniblement ressentie que celle de ce barreau qui se plaignait alors sourdement et à voix basse du plus jeune de ses membres, qui abusait avec tant d'aisance et d'aplomb de sa position de famille et de son âge, d'un simple stage et des succès qu'il avait tout d'abord obtenus. Plaintes et cris en siége de cour ne vont trouver du retentissement qu'en dehors d'un conseil intéressé du village voisin.

Mais ici pourquoi ne pas avoir considéré ni prévu qu'un émérite de la justice était debout, sur le patrimoine paternel, devant une élection cantonale pour le conseil général, en face de la candidature d'un étranger qui n'était que trop naturellement patronné par un de ces juges nomades impatients d'avancement, toujours les plus obséquieux devant leurs chefs et les plus serviles de leurs rangs. Il en aurait certainement bien moins fallu pour se remettre en selle. Nous considérâmes comme une tâche qui nous incombait de prendre la défense d'un corps qui n'osait se plaindre tout haut. Nous résolûmes de nous faire l'écho de trop justes et de trop formelles plaintes. Nous ne nous attendions certes pas à des remercîments qui auraient montré, de leur côté, la participation à notre œuvre ; mais nous étions loin de nous attendre à ce qui fut l'œuvre d'une coterie ambitieuse et adulatrice du pouvoir.

A pied et à cheval, à l'encontre de tous, le devoir a été fait ; ce devoir spontané et chevaleresque, à certain âge, n'a obtenu qu'une courte réponse de la partie la plus intéressée à se défendre et qui ne se défendait point. Cette réponse, avec assaisonnement d'inconvenances et à l'usage du jour, était adressée à l'un des plus convenants des anciens parquets.

Quand on a encore dans ses cartons deux pièces qui rappellent tout ce que dut éprouver celui qui avait été à la tête d'une milice pareille, on ne doit pas hésiter à replacer sous les yeux de tous une conduite qui ne peut être absoute que par ceux qui ne cessent de pratiquer cette maxime, qui est le grand point de ralliement du jésuitisme ancien et moderne.

Ici et toujours *la fin justifiait le moyen*. Il s'agissait alors pour le barreau :

1° De faire acte d'obédience envers les chefs de la cour : leurs fils, gendres et autres plaidant habituellement devant leurs père, beau-père ou autres ; il ne convenait pas d'attenter à la clientèle de leur jeune concurrent et à ses destinées ; déjà caressé à la barre, bien venu du gouvernement et patronné de l'administration.

On se taisait afin que chacun se tût

2° Mais il ne suffisait pas de se taire. Le silence n'eût été qu'un accommodement tacite. Il fallait témoigner de l'éloignement et les plus mauvaises manières à celui qui, devant de tels manéges n'avait pu se contenir, et avait osé gémir de cette atteinte portée à l'indépendance du barreau.

3° On dut se ruer contre celui qui rappelait au devoir. Nous n'avons, certes, ni su ni voulu savoir alors ce qui, par là, se passait à notre encontre. Nous n'avons jamais écouté aux portes, ni pratiqué l'espionnage. Nous avons la connaissance des hommes, du temps et des affaires. Il n'est pas difficile alors de voir et de prévoir jusqu'où dut aller une jeune, impatiente et ardente nature entourée de vieilles ambitions, pénétrée de cette maxime qui justifie tout pour tout assurer.

Dès la transmission de notre plainte, le premier résultat de tant d'obsessions juvéniles ne se fit pas attendre. A l'envi, chacun dut montrer son impatience et faire preuve de zèle devant un jeune avocat, le fils d'un père dont chaque membre du conseil de discipline voulait conserver les faveurs.

Ce conseil s'assemble et délibère le 30 juillet. Le 3 du mois suivant, il transmet une délibération. La missive qui l'accompagnait ne reflétait que trop les sentiments qui l'avaient dictée.

Faut-il donc que l'aveuglement eût été profond. Quoi! c'est à un magistrat, l'ancien chef du parquet qui avait pris la défense d'un ordre, que ce même ordre, loin de se souvenir du passé, répondait ainsi !

Mais, pendant notre longue administration constitutionnelle de la justice, sur quoi donc discourait le ministère public dans les solennités de rentrée de la cour? La sollicitude de ses membres, protecteurs de la société, ne s'étendait-elle pas avec une prédilection marquée sur le ministère de la défense, sur la noble tâche du barreau? C'est alors qu'après avoir écouté les plaintes des meilleurs et des plus nobles pères de famille, nous avisions les fils des dangers du jeu, de l'oisiveté et de quelques tendances inhérentes à la localité.

En jetant un dernier coup d'œil sur ces harangues de

ce vieux temps qui n'était pas le plus mauvais, et en relisant notre délibération finale et la lettre du bâtonnier qui nous était adressée, on serait fort tenté d'abréger de telles réminiscences, et certainement elles devraient être effacées.

Est-ce qu'un jour l'ordre entier des avocats et tout le barreau d'Aix, alors en libre exercice de son indépendance, de ses attributions disciplinaires, ne voudra pas revenir sur tout ce passé inscrit dans les registres de ses délibérations? Oui, un jour, plus heureux et plus calme, en redressements de tout ce qui s'est passé dans de si mauvais temps, la discipline se fera dans ces conseils, recouvrant leur véritable dénomination et leur but si impérieusement nécessaire. Si donc plus tard on vient à relire ce qui est dans ces registres et dans les archives d'un corps devenu libre, on verra comment en agissait alors un ancien magistrat qui n'avait rien perdu lui-même de son indépendance et de son caractère : « — Je vous renvoie, Monsieur le Bâtonnier, votre lettre d'hier, 3 de ce mois, avec la délibération de votre conseil. ▸

» La lettre est impolie.

» La délibération est inconvenante et mal fondée..... »

Pourquoi donc aujourd'hui aller plus loin et même s'arrêter devant ce qui plus tard sera tout au moins lacéré ?

Mais ce qui ne saurait être oublié, ce qui ne saurait être rayé des tablettes historiques de notre ville et des rues d'Aix, ce sont les souvenirs qui se rattachent à deux habitations occupées par deux membres du barreau de notre cité.

Comment ne pas être étonné de la différence que présentent, à un siècle de distance, les propriétaires de la maison du procureur général Monclar !

C'est dans cette grande et belle demeure, l'une des mieux bâties de notre cité, qu'en 1763 l'éminent magistrat préparait son réquisitoire que tous semblent aujourd'hui avoir oublié, la ville, comme les successeurs des magistrats qui, en y faisant droit, prononcèrent l'expulsion d'un ordre fameux dans les annales de l'Église catholique.

A la suite de l'arrêt du 28 janvier 1763, ce fut le roi qui ordonna aux jésuites de sortir de la France entière, et peu après le pape sanctionna l'abolition de cet ordre.

C'est dans cet hôtel qui vit mûrir un tel réquisitoire, qui en vit le triomphe éclatant, que demeure celui qui, par sa réponse insultante et la décision qu'il prit dans son conseil, sembla vouloir nous braver et nous forcer à reculer. Jamais on n'a caché ses rapports avec cette Société si solennellement repoussée de notre pays et du monde entier. Jamais on n'a hésité à se montrer dans son église, à assister à ses réunions. Cela s'est fait ouvertement, au su et vu de tous.

Comment le corps le plus indépendant de toute la société, comment le barreau de notre ville si riche autrefois en grands orateurs et en éminents jurisconsultes, qui compte encore aujourd'hui dans son sein des hommes dont on vante l'habileté de la parole, et dont on cite partout les ouvrages qui font jurisprudence ; comment ose-t-il se montrer sous la dépendance d'une Société soi-disant religieuse, si solennellement proscrite par les arrêts de la justice locale et souveraine ?

Serait-ce donc qu'en France nouvelle on ne voudrait

seulement satisfaire les intérêts matériels qui enrichissent,
il est vrai, les contrées et rapprochent les populations.
L'utilité publique devrait-elle primer, effacer la moralité
publique? Et ne devons-nous plus vivre qu'en barbares,
n'ayant besoin que de pain et de jeux publics?

Pour en arriver là, et nous y sommes ici plus qu'ailleurs, pour voir le peuple ramené aux carrières, aux
anciennes institutions, à la plus funeste de toutes, il faut
évidemment en revenir au véritable et vieil institut du
passé, à l'institut des jésuites lui-même et lui seul.

Mais alors, il faut maintenir l'édifice, relever les autels
et démontrer par les actes les plus manifestes, par les
monuments les mieux restaurés, que la suprématie des
corps est toujours plus étendue, qu'elle est au-dessus de
tout, et qu'en conséquence le jésuitisme règne plus que
jamais, devant les yeux, dans les têtes, par sa domination
vivace et par ses possessions monumentales.

Ce grand hôtel restera donc en possession jésuitique ; il
se restaurera par des mains souples et habiles ; un jour,
il abritera l'exilé et fêtera le lendemain les privilégiés de
l'ordre et les heureux de la terre.

Nous libéraux, au contraire, nous marchons simplement,
mais tête levée ; nous restons en vieille et ancienne maison
avec façade dégarnie à l'extérieur et ameublement usé à
l'intérieur ; nous n'en voyons pas moins des institutions
pour la jeunesse, et des congrégations pour tout âge, s'élever aux dépens de nos patrimoines et au préjudice de nos
situations magistrales. Enfin, si nous sommes à notre tour un
exemple de notre tolérance, on jugera plus tard si l'étroi-
tesse, les sordides et faux calculs de l'intolérance valent

mieux pour l'État. Qu'on nous passe le mot, ne sera-ce pas à nous et de nous, qu'en fin de compte, on ne donnera pas le vilain rôle ?

Mais en attendant, ne verrons-nous pas tôt et sous un gouvernement national, une administration libérale ; n'éprouverons-nous pas cette tendance universelle qui passe les mers et franchit les monts ; nos barreaux ne vont-ils pas voir enfin remonter dans leur corps ce qui doit y être à jamais et dans tous les temps, l'indépendance et le désintéressement ? N'est-ce pas alors, et dans ce temps plus ou moins rapproché, que les mânes du procureur général Monclar vont frémir de ce que, sous le toit de son hôtel devant être le plus respecté, un avocat bâtonnier de son ordre s'y montre membre d'une congrégation qu'il proscrivit ?

Mais qu'on s'y attende bien, ces aperçus si naturels et si justes, si répétés et si vrais seront bientôt le texte favori dans les conférences de nos jeunes barreaux. C'est dans ces conférences elles-mêmes que les pensées généreuses doivent s'élever et se répandre au loin ; ce n'est pas être trop présomptueux qu'en réveillant même aujourd'hui à quatre-vingt-six ans, on espère voir encore glorifier dans nos barreaux la vraie gloire des pays libres voulant s'honorer et se civiliser.

Un second hôtel non moins spacieux, mais mieux placé sur le grand cours et en première ligne, advient par autre titre, il est vrai, à cet avocat appartenant à ce triste conseil de discipline de l'an de grâce 1866 ; celui-ci, il est vrai, préfère le bénéfice éclatant et assuré de la barre aux sourdes menées également productives du jésuitisme très-fortifié lui-même en patrimoine et en clientèle.

Mais par quelque voie qu'on veuille aujourd'hui atteindre la fortune, le barreau en est certainement parvenu à être la voie la plus recherchée et la plus assurée.

Toutes ces tendances et toutes ces réalités ne démontrent-elles pas suffisamment que les jésuites sont encore et partout à la tête des autorités et des services publics ?

Aux obsèques du dernier supérieur ecclésiastique de ce diocèse, on voyait hier, au coin du poêle d'honneur de l'archevêque, le chef de la justice du ressort. Il s'avançait majestueusement à côté d'un avocat général.

Cette place incessible ne peut être occupée que par le chef du ministère public lui-même. Le procureur général n'est remplacé qu'au travail de parquet. Là, le service public exige le remplacement : ailleurs, pour ce qui est des honneurs de la charge, s'il fallait le répéter, ces honneurs sont incessibles et ne peuvent être délégués.

Mais lorsque le jésuitisme est de race pure, il ne considère pas le droit ni les moyens. La fin n'est ici, comme partout, que la fin de tout commencement qui conduit aux premiers rangs si convoités ; on sait s'y prendre de bonne heure et en toute occasion.

Ces deux magistrats de cour souveraine s'en vont du même pied et marchent du même pas, avec titres, actes, allures identiques et toujours plus édifiantes. Quoique une telle manifestation si anormale double et centuple ait déjà été relevée, il ne faudrait pas trop s'étonner de ce qu'elle est, ni de ce qu'elle sera si souvent rapportée et répétée à satiété. Donc, le 24 décembre 1866, veille des fêtes de Noël, à la messe de minuit, en l'église des jésuites, le premier président lui-même communiait ainsi de la main du supérieur de l'ordre [1].

Une telle démonstration de la part du chef de la justice qui, dans ce même lieu, avait proscrit les jésuites, dut être dénoncée au gouvernement. En chancellerie, on ne pouvait pas être alors de trempe différente que dans ces corps autoritaires si abandonnés aux courants des époques et de nos plus mauvais temps.

Un émérite du parquet de cette même juridiction, encore debout, conservait ce feu sacré qui, en lui, ne cessait de s'éteindre et qui brûlera toujours pour la défense des droits de tous et de ceux qu'il a pris sous sa protection.

Peut-il en être autrement aujourd'hui sur ce qu'a vu chacun à ces grandes obsèques religieuses, convaincu qu'aucun n'a voulu y voir ce qui n'en constituait pas moins un fait assez grave à relever : pourquoi ne pas se laisser aller à considérer des points de vue qui, sur un même fait, représentent des différences notables et divers enseignements qui méritent que l'on s'y appesantisse ?

Si, de cette région tant obscurcie et tant éblouie par de fausses lueurs, on va, non loin, aux officiants de tous ceux qui entourent la justice, on rencontre partout des traces de jésuites en première ligne et en lignes compactes et serrées.

Il y aurait cependant bien à faire si l'on devait et si l'on voulait tout dire sur les parquets et la barre. Pendant près d'un demi-siècle, on a cherché et l'on cherche encore un remède à ce dont nous nous plaignons aujourd'hui.

[1] Voy. *De la justice et des juges*, t. II, p 317.

Toutefois, lorsque nous nous quittions à Cannes avec le chancelier d'Angleterre et les amis, nous ne nous séparions jamais sans renouveler nos vœux réciproques pour la création d'un journal destiné à la réforme judiciaire.

La révolution républicaine de 1848 anéantit, comme de raison, tout projet destiné à mettre en chantier cette *mercuriale*, qui devait être si utile à la marche régulière et à la bonne administration de la justice.

Puisque à la suite du premier magistrat qui n'a rien à céder et qui ne cède en rien de ses attributions et des honneurs qui y sont attachés, nous en rencontrons un autre qui se trouve malheureusement sous le coup de la férule judiciaire, nous ne pouvons le laisser à l'écart lorsqu'il serait si fâché de ne pas être en évidence et de saisir chaque occasion de s'y mettre et de s'y montrer.

Ce n'est point pour saisir une infime personnalité et moins encore pour la châtier en passant, que ce fait est relevé ; s'il n'y avait pas quelque enseignement à rappeler ce qui se faisait en autre temps et avec d'autres dispositions. On devrait certainement ne pas tant insister ni multiplier de pareils récits, s'il ne fallait pas comparer les faits sans se comparer soi-même aux méfaits. On ne peut que parcourir, non sans intérêt, ces quelques lignes anecdotiques qui, ne pouvant sortir de notre mémoire, se présentent trop naturellement à notre plume et à cette malheureuse tentation de celui qui la tient.

Mais puisqu'il y a lieu à mettre en parallèle ce qui s'est fait en autre temps avec des dispositions si différentes, on ne doit pas être saisi de trop d'étonnement. C'est en comparant ces faits d'une part, et les méfaits d'autre part, qu'on rappelle de la sorte ce qui se passa en grande fête de prince et grand enterrement de prélat.

En revenant d'Alger, lorsque la justice instruisait en 1832 l'attentat le plus mémorable de l'époque, le prince royal était reçu à Marseille avec des démonstrations très-cordiales et très-remarquables dans toutes les classes de la société.

La Chambre de commerce voulut correspondre à ce noble élan et le fortifier ; elle offrit un grand banquet au prince royal.

Comme le héros de la fête recherchait plus volontiers ce qui touchait à la justice et à la grande affaire du jour, il témoignait volontiers à la commission de la cour, et surtout au chef du parquet, des sentiments particuliers et la plus haute bienveillance. Il aurait bientôt voulu que le procureur général fût toujours à ses côtés ; et, pour aller au-devant de telles intentions que chacun comprenait, les directeurs du banquet voulurent placer le chef du ministère public à côté de Son Altesse Royale. Dans ce ressort, ce n'était point la place qu'occupait et que devait avoir le procureur général en présence du commandant de la division, du chef de la cour et du préfet.

Le procureur général, malgré les invitations qu'il recevait autour de lui, et en présence du prince, ne crut pas devoir céder à ses principes, aux précédents établis et à ces égards qui ne doivent jamais être négligés ni oubliés envers aucun.

Mais cette espèce de refus n'en était pas moins une politesse qui fut bien comprise par les amis et qui n'en fit pas moins sensation un peu plus loin. Il y eut même, dans

ce grand banquet que la Chambre de commerce offrait à
l'héritier de la couronne une telle manifestation, qu'elle
fut aussi bien comprise par le grand invité que par les in-
vitants. Il est des choses qui ne s'apprennent jamais et que
savent toujours les personnes qui sont au niveau de leur
place et qui ne veulent la garder que par leurs bons procédés.

Si c'est dans la société actuelle que s'élèvent des fortunes qui se manifestent avec un tel apparat, il ne peut être
défendu de comprendre jusqu'où conduisent, en Provence,
l'ostentation et l'édification du barreau actuel. Ne convien-
drait-il pas de rappeler cet autre temps d'un autre barreau ?

L'ancien ordre des avocats d'Aix, à la mort de ce procureur général parlementaire qui avait demandé et obtenu
l'expulsion des jésuites, se conduisait alors avec ces sentiments dont on se soucie peu maintenant. Le procureur général en siége constitutionnel, aujourd'hui mulcté et honni
par le nouvel ordre des avocats d'Aix, n'a pas cru se montrer l'indigne successeur de celui dont il faisait l'éloge en
audience solennelle, le 6 novembre 1843 ; il rappelait en
ces termes, avec autant de sincérité que d'affection, les
bons sentiments que pouvait inspirer le vrai magistrat.

« Avocats, lorsqu'on annonçait la mort de M. de Mon-
» clar, au moment même où la consternation était générale
» à Aix et le deuil universel en Provence, un des membres
» les plus distingués du barreau fit entendre, en plaidant,
» l'éloge pompeux d'un magistrat qui venait de terminer
» ses jours dans l'exil. De si profonds regrets sur un pro-
» cureur général parlementaire étaient exprimés devant

» ceux-là mêmes qui profitaient de son malheur et occu-
» -paient sa place.

» Dans ces mémorables occasions, le barreau n'a jamais
» abandonné les magistrats qui ont combattu pour la cause
» nationale et qui ont défendu les vrais principes. Il s'est
» plu, au contraire, à montrer la sympathie que lui in-
» spirent les grands dévouements, les caractères forts et
» élevés. »

Si l'on se souvenait que c'est pendant la suppression
de l'ancien parlement et devant une magistrature nouvelle
que le barreau professait une telle indépendance et conservait un tel dévouement dans les malheurs publics, on ap-
préciera la différence des temps et des caractères.

Après avoir vu tant de révolutions diverses, tant de
fortunes précipitées par la disgrâce, tant d'hommes mé-
prisables élevés aux premières places ; en observant la
basse adulation des solliciteurs, la complaisance dévouée
des parvenus, les angoisses des principaux dignitaires et
leur souci pour se maintenir en dignité ; tout ce qu'il a
fallu souvent de dégradation, d'intrigue, de délation pour
atteindre aux emplois ; les perplexités où chaque mutation
de gouvernement a jeté la plupart des fonctionnaires, quel
est l'avocat qui ne doive s'estimer heureux de n'être
jamais qu'avocat, défendant les malheureux de tous les
temps, les victimes de tous les partis, sachant se faire une
position par l'étude et le talent et non à l'aide d'une affi-
liation à une société que réprouve la loi, la morale, la
droiture et dont on devrait, loin de s'en vanter, être honteux de faire partie.

Si les temps et tant de choses sont soumis aux plus

grands changements de mœurs et à tant de variations dans l'âme de ceux qui vivent à l'intérieur ou aux abords du palais de la justice, il ne faudrait pas craindre de rappeler également ce qui jadis commandait aussi le respect dans la vie sociale. Si, à toutes les époques, le chapitre des personnalités a présenté et présente encore de grandes difficultés et de pénibles embarras, il faut cependant considérer aussi ce qu'amènent inévitablement partout les exigences d'un changement de constitutions et d'habitudes nouvelles toutes si opposées à l'ancienne manière de vivre.

Nous avons sous les yeux les mémoires inédits et de la propre main d'un penseur d'un autre âge, mais clairvoyant dans l'avenir (1). Il disserte sur ce chapitre des personnalités, et déjà bien avant nos progrès de tout genre, il prévoit et affirme qu'on pourra bientôt ne plus craindre autant de vérité aux vivants. Ce n'est pas nous qui aurions à craindre la presse et ses écarts, la tribune et la critique : l'homme honnête, le magistrat irréprochable n'a jamais rien à craindre de la publicité pour son compte et même sur le compte d'autrui, il ne saurait dévier de ses habitudes magistrales ; la vérité avant tout !

Qu'à l'avenir, et dans le domaine des affaires publiques,

¹ Ce précieux manuscrit est fort heureusement soigné en lieu sûr, aux meilleures mains et dans le château le plus mémorable et le mieux restauré de toute la Provence. C'est à Mirabeau que M. de Montigny recueille, classe et conserve fort religieusement de si précieux trésors. Ces mémoires du duc de Lévis sont dignes de tous les soins qu'on leur donne et mériteraient peut-être un peu de cette publicité qu'on ne saurait trop prodiguer à l'égard des anciens penseurs et peut-être aussi de quelques nouveaux.

on sache enfin se résigner et s'habituer aux mœurs qui s'établissent partout.

Dès que la justice et la vérité n'ont pu se faire jour en temps qui paraissait déjà devenir plus opportun, il n'y a jamais inopportunité à renouveler une plainte si généralement et si obstinément repoussée.

Une seule bonne manière nous advint dans les meilleures formes, nous nous en souvenons avec d'autant plus de gratitude et de respect que c'est du siége archiépiscopal que son digne chef nous traitait dernièrement de la sorte.

Ainsi donc, persistant plus que jamais dans ces doléances qui n'ont pu naguère obtenir la satisfaction qu'elles méritaient, nous saisissons, comme de raison, cette nouvelle occasion de les reproduire, bien assuré, comme nous le sommes, que de jeunes athlètes et d'anciens combattants éprouvés et disgraciés doivent déjà se complaire devant ces luttes judiciaires, et qu'ils s'empresseront d'en jouir pour défendre leurs droits et toutes les prérogatives que leur assurent si formellement nos projets de réforme.

CHAPITRE II

——— —— ———

MESSIEURS LES NOTAIRES,

Si l'on pouvait croire que c'est votre corps, que c'est le notariat d'Aix lui-même, dont je n'ai cessé de prôner les vertus, qui aurait failli et faibli le premier, en cette circonstance inopinée et de si haute importance personnelle, il y aurait bien à gémir sur toute espèce humaine ! Moi-même, fils de notaire, spontanément élevé à l'une des plus hautes charges de la justice, j'ai longtemps et partout regretté l'étude et la profession de mon père. S'il faut le dire aussi, lorsque, sous cette supérieure admi-. nistration, sont survenus les plus grands accidents et les plus grandes calamités notariales de France, mes regrets ont cessé, mais non les égards qu'il fallait avoir pour le malheur quelque grand qu'il fût, tandis que chacun affectait d'en détourner les yeux.

Le devoir a été fait avant, pendant et après tant de

hontes et de calamités, devoir que personne n'a connu, mais qui, un jour, pourrait offrir plus d'un enseignement. Quand on a été en grande situation et, qu'indépendant, on a pu voir d'assez haut, on est toujours préparé et disposé à rester ce que l'on est ; on se taira même longtemps ; mais avec un émérite du plus grand culte, rien ne saurait être trop caché ni complétement oublié. Le notariat a certes autant besoin de discipline et de réforme que la justice. On le dira plus tard, et l'on pourra considérer ce qui est établi au delà des Alpes et ce qui, en Lombardie et surtout à Milan, a résisté aux envahissements étrangers.

Ce qui nous engage à revenir et à insister sur ce sujet, c'est pour éviter, en ce qui nous concerne personnellement, toute équivoque, les méprises et les surprises involontaires. Il ne peut, en effet, y avoir lieu d'en agir autrement. L'infatigable défenseur de l'État et de son individualité dont on peut redouter et attendre un retour défensif est sans cesse disposé à braver le fracas public, les sourdes et jésuitiques menées qui se font l'œuvre, non de la justice et de la nation, mais celle des partis et de nos troubles. On aimerait mieux qu'un autre ne point abandonner dans la vie privée ce qu'on a pu assez souvent cultiver dans la vie publique, et dans un style tout à fait lyrique continuer à préférer l'idylle à l'élégie.

Lorsque, sous ma haute administration et plus tard, sont survenus dans ce ressort, et non loin l'une de l'autre, une grande calamité qui a conduit au bagne à perpétuité et une grande désaffection locale qui doit conduire aux Gémonies, nos regrets personnels ont cessé, mais non les égards qu'il fallait avoir pour les malheurs.

S'il n'y a pas de mal à se souvenir de ce qu'on a pu faire d'humain et presque d'inusité dans le service public, il n'en faut pas moins rappeler aussi comment on a su faire l'égale part du réquisitoire et des bonnes manières d'une justice exacte et régulière.

Lorsqu'on était menacé par le flot montant d'un libéralisme inexpérimenté et par les sourdes menées légitimistes, on savait le nouveau moyen à employer avec cette tolérance et ces essais qui valent mieux que les exagérations du zèle et du devoir. Qu'on nous permette donc de répéter ici, dans l'*a parté*, mais non tout à fait sans application, que lorsqu'un évêque, ancien précepteur de son prétendant au trône, écrivait à Marseille (1), et faisait imprimer dans le grand quartier, et avec le plus grand éclat, son livre contre le mariage du prince royal, le parti vaincu et tous ses adhérents s'attendaient à des poursuites, les désiraient certainement au fond, pour raviver les espérances des leurs.

Il y avait lieu à obtenir toute répression ; il ne fut rien requis de la cour ni du jury ; on sut résister à tous ces grands courants sollicitant le bruit et le martyre. On ne recherchait point, à cette époque, ce qu'on a tant recherché, souhaité et obtenu plus tard aux parquets ; on faisait alors marcher de pair les meilleures satisfactions publiques et les plus douces satisfactions personnelles. De son côté, le gouvernement approuvait cette tolérance de conduite et de doctrine. En région suprême, un cœur de reine était un grand cœur digne d'un cœur de roi. Nous ne voudrions pas rappeler

____

1 Mgr de Tharin, évêque de Strasbourg, 1838.

d'autres exemples, et retracer à ce sujet des inspirations qui ne sont plus dans les goûts du jour et que malheureusement nous surprenons à notre encontre dans des dispositions qui sont les plus affligeantes et les plus intolérables à nos yeux.

Lorsqu'on dissertait, en séance des Belges, sur le *respect de la vie*, un de nos doctes économistes discourait sur la nouvelle barbarie. Que veulent donc nos modernes barbares, lorsqu'ils s'opposent dans tous les rangs et avec tant d'opiniâtreté à ce qu'un ancien de la justice respecte et fasse respecter la justice et son culte, sa vie passée et ses projets philanthropiques dont il veut transmettre les plans et assurer l'exécution ?

Il ne faudrait pas craindre d'invoquer un tel respect et d'évoquer une telle barbarie.

Il ne faut rien craindre lorsqu'on croit n'avoir que de bonnes intentions, et qu'on veut tout conduire jusqu'au bout de sa carrière pour ce qui doit l'honorer et la faire honorer dans tous les rangs sociaux.

Mais, comme on l'a dit encore dans ce haut tribunal arbitral qui a tant honoré de notre temps une des plus sages et des plus laborieuses cités de la Suisse, lorsqu'on a dit que le triomphe d'une idée utile n'est jamais qu'une question de date, si l'on se félicitait au loin d'assister à la réalisation d'un dessein si fécond dans ses meilleurs résultats, si l'on repoussait avec tant d'autorité ce cri terrible que « *le jésuitisme prime le droit* » et que l'hypocrisie l'emporte sur la loyauté, nous aurions, nous, ici, à porter ce défi à la civilisation de nos temps et à nous écrier que c'est la fausse morale qui elle-même prime le droit, et qu'il ne peut y avoir que l'ancien et le nouveau jésuitisme qui persistent à comprimer toute moralité et le droit lui-même.

Toutefois, lorsque l'on considère comment la politique a triomphé en s'adressant à la justice, et ne plus abuser d'aucune de ces forces physiques et morales que repousse enfin la vraie civilisation, nous ne sommes pas sans confiance pour espérer que, de notre côté, nos résistances actuelles triompheront de tous les obstacles qui ne cesseront de s'élever à notre encontre.

Nous sommes donc bien résolu à résister aux calomnies. à toutes les insinuations, à toutes les perfidies, à tous refus qu'on suscitera et qu'on inventera à plaisir contre une famille entière et contre nous-même, contre nos idées et contre ceux qui veulent les repousser.

Rien n'est plus encourageant que de savoir qu'on a raison et qu'on a cent fois raison dans ses pensées intimes, dans ses projets personnels et dans toutes les actions d'une vie qui jusqu'à son dernier jour gardera les sympathies qui n'ont cessé de la diriger.

Comme ici les passions étaient toujours plus en jeu, elles ont dû remuer plus que jamais une société assez indifférente pour la cause publique, mais toujours plus irritable et surtout plus irritée sur ce qui l'anime encore et ne cessera longtemps de l'exciter sourdement avant comme après 1763, mémorable année de l'expulsion du jésuitisme.

On a eu beau mettre en parallèle les vieilles traditions d'une ancienne et digne baronnie avec ces nouvelles insinuations d'un notariat assez circonspect jusqu'ici, notre voix et toutes enquêtes possibles ont eu moins de valeur que l'attitude et l'acte du vrai gentilhomme.

Aussi pourquoi faut-il qu'entre de pareils courants nous soyons amené à toujours reconnaître le gentilhomme et à méconnaître ce notaire dont nous avions la vieille habitude de considérer l'aptitude personnelle et la situation de famille ?

Certes, c'est de lui moins que de personne que nous eussions attendu une pareille conduite. Jamais nous n'aurions pu prévoir qu'après avoir été le client le plus ancien de son étude, l'ami et même le protecteur de sa famille ; après lui avoir, pour tous les actes de notre vie, montré la plus entière confiance, il voudrait nous refuser son ministère d'une façon aussi illégale que blessante à tous égards.

Il semblait vraiment que l'ancien chef du parquet se rendait coupable et fût à même d'être jugé, critiqué, commenté par celui dont il a pour ainsi dire dirigé les débuts. Et qu'un acte qu'il avait décidé après de longues années de réflexion, d'études, d'examens approfondis, pût être par d'autres envisagé, examiné, tranché négativement en quelques minutes.

Serons-nous au bout de la crise présente, et n'avons-nous pas à craindre d'avoir à traverser encore bien de ces sourdes rumeurs qui feront tant rougir les hypocrites, mais qui ne cesseront de relever notre courage et de nous affermir encore dans nos résolutions ?

Nous n'hésiterons donc point dans la ligne et dans les dispositions qui l'ont tracée et qui la conduiront à bonne fin.

Mais qu'en l'état il suffise au moins d'indiquer nos jalons et de ne pas trop nous arrêter aux personnalités ni à toutes ces broussailles, qui n'en piquent pas moins sur le moment même.

Toutefois, si en toutes choses il faut considérer la fin et le début, cherchons tout d'abord quelle a été la première manœuvre que nous découvrons dans le plan de nos enne-mis? quels sont les premiers fils de cette intrigue, fils aujourd'hui tellement visibles que nombre de personnes, et justement les moins intéressées, les avaient aperçus avant nous et nous en avaient avertis? Nous n'aurions voulu le croire, nous avons résisté jusqu'au dernier moment, quand une preuve décisive nous en a été donnée et d'une part qui ne nous permettait plus de ne pas être convaincu.

Ce sera donc le fils du dernier d'un village qui voudra d'un seul saut en devenir le premier. Ce sera donc celui qui, à l'entrée du petit séminaire, était par nous dirigé vers l'école normale de l'arrondissement; et qui, de la table de la cuisine, était, lors d'affaires pressantes, élevé à la table des maîtres, ce sera donc ainsi celui-là même qui aura si promptement entrevu de tels appas de fortune et d'héri-tage !

C'est à lui auquel il faut inévitablement, et nous en avons la preuve, attribuer le commencement de toute une intrigue qui doit se dénouer devant un tribunal.

Au village, ceux qui ont la simplicité de s'étonner de quelque chose, auront beau se creuser la tête pour croire un moment à de pareilles idées et surtout aux moyens déjà conçus et déjà mis à exécution : non, jamais, dans les champs et dans la ville, on n'a plus mal rêvé et jamais on n'a été plus sottement éveillé.

On aura tout mis en oubli pour franchir tant de distance et on se sera facilement persuadé qu'après quelques témoignages de bienveillance particulière en petites affaires de domesticité, on aura tout suffisamment préparé pour pouvoir un instant me faire oublier mes projets les plus chers, mes vues depuis si longtemps arrêtées. On s'imaginait qu'une position un peu plus élevée que celle de domestique ordinaire lui donnait, aux yeux de tous, une position telle qu'il dût nécessairement tout savoir de mes affaires, de mes vues, de mes plus intimes pensées. Bien des gens le croyaient et s'imaginaient, tant il en avait imposé, voir en lui le confident autorisé du maître.

Après avoir importé de boutique en arrière-boutique tout ce qu'on savait et surtout tout ce qui n'était pas, après avoir colporté de magasin en arrière-magasin non ce qu'on avait appris, mais ce qu'on voulait faire apprendre au dehors, on recommençait chaque matin son petit siége accoutumé et en petit mascarille empressé, on faisait ses rapports effrontés et l'on racontait comme l'histoire publique ce qu'on venait justement de colporter et d'inventer soi-même.

On ne se lassait pas un instant. Et chaque jour, devant mon impassibilité qui jamais ne s'est démentie pas plus que mes résolutions, on combinait les plus odieuses machinations contre des familles entières.

A cette police secrète intérieure et qui, aux yeux de quelques badauds, put passer pour officielle, se joignait la police extérieure et ses communications habilement et odieusement reproduites dans la presse.

Cependant sur place on ne perdait pas un instant, pas une occasion de nous faire renoncer à nos projets et de nous dissuader principalement de l'acte le plus important de notre vie. On amenait des émissaires qui répétaient une leçon faite d'avance, on s'efforçait par tous les moyens possibles de dresser entre une famille et moi une barrière dont celle-ci ne se doutait pas, qu'elle n'eût pas cherché à franchir, mais qu'il m'importait d'abattre dans l'intérêt de mes projets, de la vérité et de la justice.

Mais qui pourra comprendre qu'on ait pu supporter pendant de si longs mois pareille kyrielle infernale de fausses dénonciations, de mensonges tellement évidents, (car les dire, c'était s'en convaincre soi-même), en tenant si longtemps caché le but que l'on poursuivait et sans que je vinsse à me douter de ce qu'il en était.

Ce but, je l'avais souvent cherché, mais il est tellement ridicule, que jamais je ne l'aurais découvert, jamais même je n'y aurais cru si je n'en avais eu la preuve la plus irréfragable, puisque les coupables se dévoilèrent eux-mêmes sans pudeur. La lumière se fit donc et du côté dont il fallait le moins redouter la rencontre et dont il n'aurait jamais fallu craindre de s'approcher.

« Nous ne nous sommes certes point rapprochés de cet » *at home* qui a toujours été respecté par nous comme le » château fort de la vie intime. »

C'est donc vers nous et chez nous-mêmes que la révélation la plus évidente, la plus explicite et presque la plus naturelle s'est faite par qui de droit ou par qui avait le droit de tout dire.

Je fus appelé dans mon cabinet. On m'y attendait. D'abord je ne fus provoqué que par une attitude triste et dolente, et je ne cherchai à en comprendre le sens que par les motifs qui me paraissaient les plus naturels.

Je crus donc bonnement qu'on ne venait se plaindre que d'un délaissement marital complet à tous les repas du jour, de la semaine et des fêtes, et j'allai jusqu'à rappeler que j'étais pressant pour qu'aux grandes solennités religieuses on dût au moins dîner chez soi et en famille.

Mais non ; on se garda bien de proférer une seule plainte à cet égard : tout était si bien préparé, si bien arrangé, si bien attourné, qu'on insista pour démontrer qu'ayant l'honneur d'être admis à la table du maître, il valait beaucoup mieux toujours manger en table d'hôtel qu'en table de famille ; on en était même parvenu à faire entendre que c'était le vrai bénéfice de chacun. En effet, loin de se plaindre ni l'un ni l'autre, celui-ci avait meilleur service et l'autre meilleur avenir.

Les plans d'avenir furent exposés. La glace était rompue. On était la compagne d'un serviteur qui depuis dix ans partageait ma confiance et mes travaux. Il ne restait plus qu'une chose à partager. C'était là que l'on voulait en arriver !

On vint en petite paysanne endimanchée, les yeux voilés, comme n'avait jamais osé aborder le conducteur de l'intrigue qui se serait vu pris en flagrant délit.

Il est bien des choses que les hommes se dissimulent à eux-mêmes en présence de leurs convoitises et que les femmes également dissimulées se laissent aller à répéter, croyant frapper un grand coup et l'emporter d'assaut.

Que si le grand mot d'héritage ne fut pas prononcé, c'est qu'on redouta de l'employer ; on lui trouva d'amples équivalents. Mais dès lors, il y eut lieu de ne pas aller plus loin ni plus longtemps, et de se retirer à l'instant.

Le lendemain, il fut immédiatement question du départ. Les comptes furent réglés ; c'était la fin d'avril. Nul autre que moi ne connaissait cette démarche qui m'attéra. J'y trouvai l'explication de tout ce que j'avais pu entendre, et je restai confondu du pouvoir que peut avoir sur une foule jalouse et toujours occupée des affaires d'autrui, la calomnie sourdement et chaque jour répétée.

Est-il besoin de dire que, même au plus fort de la crise, mes résolutions n'avaient pas été ébranlées, et que tandis qu'un nouvel assaut se livrait chaque jour, à chaque instant, de mille manières, par bien des voix toujours disposées à accueillir les faux bruits et à les exagérer, les plus intéressés se retranchaient dignement dans un silence et dans un éloignement absolu.

S'il est aussi malheureux que difficile d'aller jusqu'à ces détails les plus intimes de la vie privée, il faut s'en consoler par la rigoureuse nécessité que justifie cette publication, dont le suprême but est de révéler la cause de ce qui a tant occupé le public, de ce qui a pu nous aliéner l'affection des notaires les plus chers, les faire reculer devant leur devoir, et de ce qui va enfin préoccuper la justice elle-même à l'occasion de ce notaire qui a par sa conduite inqualifiable compromis le corps entier, mais qui s'est bien plus compromis lui-même par le dommage personnel auquel il aura à répondre.

Pourquoi ne pas se demander si dans le notariat une voix n'a pas été trop hasardée, n'a point par ses récriminations ébranlé ses collègues, ne s'est pas fait l'écho des bruits dont je viens de faire justice, et si la situation qu'elle a créée à notre égard n'encourt pas plus qu'une réprimande et une admonition publique, si elle n'encourt pas réellement une action judiciaire ?

Si l'on avait oublié tout à la fois ces deux grandes institutions qui passent avant tout, pourquoi trouvera-t-on insolite ou déplacé que le plus ancien en communauté conjugale et le plus élevé en justice réglée, laisse sous le boisseau ce qui doit paraître un jour en pleine lumière.

Il ne faut pas craindre de l'avouer, et l'on ne recule devant aucune responsabilité. Un président de chambre de la cours de céans n'était entré dans la magistrature que par notre initiative étant à la tête du parquet. Nous avions reconnu en lui toutes les qualités et aptitudes nécessaires pour la conduite de la justice, des intérêts privés et publics.

Nos espérances n'avaient pas été trompées. N'est-il pas devenu le plus éminent président de toutes les assises du ressort ? puisque c'est celui-là même qui présida la mémorable session de 1841, à laquelle fut portée contre un membre du notariat la plus scandaleuse et la plus formidable accusation de nos temps [1].

De pareils faits, une si haute intelligence, des études juridiques si étendues et une position magistrale aussi élevée, ne méritaient-ils pas de la part d'une cour souveraine, et surtout de la part d'une famille opulente, quelques-uns de ces égards toujours dus au malheur ?

---

[1] C'est un notaire marseillais qui, après onze audiences publiques et l'audition de 220 témoins, était condamné aux travaux forcés à perpétuité sur le verdict affirmatif de 1246 questions, établissant les pertes considérables de plus de 900 000 francs et occasionnant la ruine des plus intéressantes familles. L'instruction et les débats établirent que, pendant ses cinq seules années de notariat, il avait dressé 926 actes faux.

Mais non, on immolera un président de chambre, un père de famille, et avant, comme après, alors, comme maintenant, on se donnera le ton de prendre les hauts airs d'un rigorisme à effet.

Lorsqu'il ne s'agit que d'effacer quelques dettes et quelques circonstances malheureuses, les ressources se trouvent toujours en famille et en entourage aisé. Mais les résolutions étaient si formelles qu'il fallut en venir à l'expulsion d'un président, d'un père de famille. Il fallut, tout de bon, qu'une sœur retournât dans une capitale où les désordres de la Commune sévissaient. Et, comme dernier affront à notre position, à nos anciennes relations, à celles que nous continuâmes toujours à avoir envers le malheur, plus nos consolations devenaient fréquentes plus on l'abandonnait, et l'on en arrivait presque à nous faire encore un crime d'une défense que nous sommes toujours prêts à prendre.

Dans le notariat, plus que dans aucune autre profession, la circonspection en paroles et en conduite est d'obligation stricte. Celui auquel un acte quelconque est présenté, ne peut le refuser que dans les cas absolument prévus par la légalité ; mais si, pour des raisons personnelles il exprime le désir de ne point en être chargé, il n'a qu'à refuser simplement, mais poliment son ministère. Il peut en donner les motifs aux clients ; il le doit même : car bien souvent cette abstention se trouve être le résultat d'un malentendu. Mais ces motifs qui doivent nécessairement et selon lui porter préjudice au caractère individuel, aux lois établies et à la morale publique, sont des motifs qu'il ne doit en aucun cas divulguer à tous, excepté aux intéressés eux-mêmes. Ils ne doivent recevoir en aucune façon une publicité quelconque de sa part.

Toute publicité de cette nature ne devrait être envisagée que sous l'aspect de cette espèce de forfanterie qui se montre partout, qui est cette manie si française de se distinguer, de se faire trop valoir partout. Sterne l'a dit en parlant à son cocher et en partant des bords de l'Océan pour les bords de la Seine. « Fais claquer ton fouet, mon « ami, c'est l'esprit de la nation. »

Il ne faut donc pas comme on l'a encore observé ces jours-ci et comme on ne saurait trop le répéter, il ne faut pas faire du rigorisme au son des grelots, ni de fanfaronnade de vertu en faux bourdon du jésuitisme. Cependant, le bourdonnement se fait partout et jusque auprès des personnes qui seraient les moins soupçonnées. On n'en doit jamais soupçonner aucune même la plus vertueuse ; mais principalement dans notre pays et dans nos crises actuelles, ce ne sont pas toujours telles ou telles influences qui dirigent ; il en est d'autres qui l'emportent sans qu'on puisse s'en douter.

Le notaire, à bonne tenue si naturelle et si nécessaire à son état, est celui qui doit se taire à l'égard des tiers sur le refus d'un acte qui ne lui paraît pas convenable de la sanction publique. Heureux que nous sommes d'en citer le meilleur des exemples. Si donc au lieu de garder ce silence de refus formel ou même d'abstention polie, il n'hésite pas à publier et à répandre cette abstention, ce désistement, il affiche une de ces vertus dont on dit « qu'il n'en faut pas trop » et dont on devrait dire ici qu'il n'en faut jamais, car au delà de cette vertu on court évidemment le risque de faire tort au client et d'arrêter sottement, mais pour un instant seulement, les projets dans lesquels il persistera toujours.

En évoquant ainsi sa désapprobation publique, en se faisant auprès de tous ses collègues l'écho des rumeurs les plus ridicules et les plus mensongères, n'est-il pas vrai que l'on provoque leur refus et qu'on se pose en grand et infaillible justicier.

Il y a quelques années, dans le même corps, un exemple était donné : on en parla moins dans le temps et il ne semblera pas inutile de revenir sur des circonstances imposantes et sur un de ces traits de caractère qu'on devrait donner en exemple à tous.

Fils et petit-fils de notaire, celui-ci est appelé auprès d'un magistrat mourant. Ce n'était ni plus ni moins que le doyen et le plus opulent du ressort. Ce notaire ne juge pas l'agonisant en état de faire un testament ; il se retire poliment et sans bruit. Jamais il n'en a parlé ; jamais il n'a essayé de tirer vanité de cet acte dont sa conscience fut juge. Avant qu'il prît ainsi rang à la suite de son père et de son grand'père, on l'avait déjà remarqué dans les écoles et aux assises et même dans les affaires civiles. Nous aurions voulu qu'il se maintînt au barreau, parce que déjà il paraissait destiné aux premiers rangs. La famille et ses paisibles vertus, le notariat et d'honorables precédents l'emportèrent, et ce n'est certes pas nous qui regretterions une défaite d'amour propre au bénéfice de ce corps dont il ne faudrait jamais oublier les qualités.

Mais aujourd'hui revenons plus carrément ou si l'on veut plus magistralement en face de nos situations et de nos interpellations réciproques.

Un projet de donation entre-vifs est proposé au notaire dont je suis le client et l'ami de toute la vie. J'éprouve un refus qui me cause une douloureuse surprise : je m'éloigne froidement sans laisser rien apercevoir de mon étonnement.

Après avoir rempli ce devoir qu'imposent la clientèle et les plus anciennes relations, la même proposition est adressée à cet autre notaire dont les liaisons n'étaient ni moins anciennes, ni moins équivoques.

Déjà, on était informé du premier refus et l'on répondait incontinent par un refus plus explicite, par le refus par écrit.

Que dire enfin du notaire de notre village voisin ? La grande manifestation notariale de la ville pénétrait partout à l'aide et à l'exemple de la voie télégraphique. Ce serait à ne pas y croire et nous n'y avons cru à notre tour quoique fort tard ; enfin nous avons été illuminé par ce dernier tour qui a tout éclairci, révélé tous les complets concertés et exécutés avec autant d'ensemble sur place, ici même, qu'au loin et en toute presse.

C'est ainsi qu'en pénétrant même jusqu'à Gardanne, on a pu jeter de l'indécision et des appréhensions qui auraient été mal reçues comme partout ailleurs, mais qui, là, dans la meilleure famille du pays, au milieu de cœurs éprouvés et dans les âmes les plus dévouées à notre égard, ont également fait appréhender.

Il n'y a pas lieu, certes, à trouver là à redire et jamais à se plaindre, malgré des scrupules aussi contagieux que le choléra et la peste.

Mais certainement

La peste (puisqu'il faut l'appeler par son nom)

ne peut, en telle occasion, nous empêcher, malgré la gravité du sujet, de mettre en simple note ce qui ne paraîtra pas seulement une réminiscence, ni une démangeaison juvénile, mais une application plus qu'opportune. Cet apologue, si gracieux comme toutes les œuvres de l'illustre fabuliste, a l'avantage d'un fonds si riche et si approprié aux circonstances qu'il est difficile de ne point s'en servir quand une occasion pareille se présente [1].

Mais après cette ancienne excursion sur le terrain philosophique, pourquoi n'aborderions-nous pas le domaine de la loi ?

Qu'on lise dans le Code civil le titre II des Donations et le chapitre sur les dispositions générales : *La donation entre vifs est un acte par lequel le donateur se dépouille actuellement et irrévocablement de la chose en faveur du donataire qui accepte.*

Qui mieux que nous a pu savoir la différence qui existe entre une donation contractuelle et les testaments publics, mystiques et autres? Qui mieux que nous a pu comprendre que le testament, quel qu'il soit, est cette volonté ambulatoire sur laquelle peuvent toujours compter successibles et accessibles, tous héritiers et légataires possibles et impossibles.

---

[1]
  Un mal qui répand la terreur,
  Mal que le ciel en sa fureur
 Inventa pour punir les crimes de la terre,
 La peste (puisqu'il faut l'appeler par son nom)
  Faisait aux animaux la guerre.
 Ils ne mouraient pas tous, mais tous étaient frappés.

Déjà il n'était pas difficile de comprendre, lorsqu'on n'aime pas à rien faire à demi, qu'il fallait aller à ce qu'il y a de plus résolu, de plus positif, de plus stable.

D'ailleurs encore, un donataire choisi, éprouvé long-temps d'avance peut seul comprendre des projets d'amélioration sociale, des bienfaits parmi les classes qui souffrent, et montrer de notre vivant et jusqu'au dernier jour, comment peut-être continuée une destinée qui veut et qui doit libéralement se terminer.

Qu'on relise ensuite ce qui est rapporté par le plus docte magistrat dans son répertoire de jurisprudence, et l'on verra, en examinant attentivement dans plus de cent pages du tome IV de ses œuvres, tout ce qui concerne les donations, que jamais la loi n'autorisât rien de pareil de la part d'un officier public, de ce qui advient aujourd'hui à un octogénaire, au plus vaillant quoiqu'au plus ancien magistrat de ce ressort, qui, après avoir été trente années à la tête du notariat, était si loin de s'attendre à devoir invoquer un jour en sa faveur le bon La Fontaine et le savant Merlin. Et ceci au moment où l'autorité suprême du plus ancien de nos amis et du chef de l'État nous conférait une si haute distinction dans l'ordre de la Légion d'hon-neur.

Dans toutes ces circonstances, après tant de récits, il y eut la pensée de demander à l'autorité publique la désignation d'un fonctionnaire de cet ordre. Il s'est montré de telles dispositions, de telles hésitations, et il est intervenu de tels actes, qu'on a eu lieu de se croire insulté et injurié autant qu'il est possible de l'être dans l'objet même de nos affections.

Bien loin de songer à faire droit à notre requête, le procureur général fait intimer par son substitut de première instance, qu'il y a lieu de ne plus recevoir dans les bureaux du parquet un jeune avocat qui avait été jusqu'ici parfaitement accueilli au barreau, aux assises et dans le monde.

Qu y avait-il donc à reprocher à ce jeune initié de l'administration judiciaire ? Pourquoi lui infliger un traitement si dur ? Cette mesure est un nouveau coup qui m'est porté personnellement et qui est dû à des intrigues dont il faut faire justice.

Au reste, j'en ai la certitude, un jour dans cette administration dont il vient d'être victime, il professera de meilleurs exemples de bonne doctrine, une tolérance invariable et la constance des vrais principes qui auront repris vie et vigueur.

J'ai fait plus d'une prédiction pareille, et l'on a toujours répété que j'avais eu la main heureuse. Il est vraiment étonnant (et nous en douterions nous-mêmes, si nous ne connaissions mieux que personne, pour les avoir sans cesse combattus et devoir toujours les combattre, les mille replis du jésuitisme sous toutes ces faces) qu'un chef de parquet ait pu se laisser aller à seconder d'aussi basses intrigues dues comme nous le prouvons à un désir effréné de richesses et d'héritage.

Le silence que garda le jeune avocat sur cette affaire lui fit le plus grand honneur. Mais ce silence, nous ne pouvons le garder nous-même. Et nous avons l'obligation de dire et de répéter à chacun son droit alors même que nous rencontrons sur notre route de hauts magistrats et des notaires qui pendant tant d'années nous ont été personnellement si attachés, et qui, peut-être après allocution et remontrance, voudraient par leurs regrets se montrer encore aussi chers qu'ils l'étaient. Mais auparavant, pourquoi ne pas dire aussi :

« Vous avez donc tous voulu traiter légèrement, incon-
» sidérément une individualité qui sait se tenir : soit.
» Vous voulez oublier ce que j'ai été et ce que je suis :
» soit. Vous voulez grossir une ligue jésuitique du jour et
» du lieu contre celui qui a su jusqu'ici déjouer bien des
» ligues contre l'ordre et la paix, contre sa personne et ses
» idées : soit encore. Tous vous me refusez votre minis-
» tère et vous étendez votre influence jusque sur le minis-
» tère public : nous verrons enfin qui sera le plus fort de
» l'ancien de la justice avec les nouveaux de l'injustice
» et de l'oppression. Qu'on y prenne garde : je connais le
» droit et un droit nouveau dont bien des gens ignorent les
» limites. »

Je frissonne quand je vois en première ligne deux noms qui ne m'ont jamais été indifférents.

Je ne suis pas dans l'usage et je n'ai pas le goût de récriminer. Cependant comme tout autre et plus qu'aucun peut-être, j'ai provision. Il y a sous le bouclier de l'ancien et du nouveau parquet, dans les rangs de tous officiers et attachés à la justice, il y a des armes prêtes et tranchantes. Qu'on n'y vienne pas de trop près, je saurais néanmoins comprendre des situations qui ont plus souffert que celui auquel le mal a été fait.

Toutefois si le cerbère des convenances, de la légalité et du respect se déchaînait jamais, gare à tous ceux qui se croiraient et qu'on se plaît à croire impeccables et affranchis.

Tâchons au contraire de garder la tolérance et de pousser même l'oubli jusqu'aux dernières limites, jusqu'à ces attitudes décevantes ou équivoques du parquet et jusqu'à ces faits insolites et impolis de tous côtés.

Qui donc oserait croire que dans votre ancienne cité qui se plaît tant à conserver encore quelques traces de la politesse française, ce serait si à propos que la presse étrangère relèverait à l'envi dans ses feuilles du jour les pertes que fait la France sur un terrain qui est pire que les chances du combat et des plus meurtrières batailles. Ce serait à ne pas y croire et à en gémir trop profondément, que d'avoir sous les yeux toutes ces doléances qui viennent de si loin et qui ne se ressentent presque plus au milieu de nous.

Tous les écrivains allemands, pour bien montrer le sujet dont ils parlent, ont soin de distinguer toutes les sortes de politesse, celle des manières qui est extérieure et banale et celle de l'esprit infiniment plus délicate et plus rare.

En montrant ce que la France avait au xvii° et au xviii° siècle, non-seulement à Paris mais encore dans les principales villes de province, une société et des classes d'élite, on a su rappeler tout ce que les moralistes et les grands penseurs de ces temps relevaient au milieu de l'Europe et en l'honneur de la France, ce qui lui donnait le suprême rang dans les affaires de la vie et dans le bonheur de l'existence.

Mais ces écrivains étrangers n'avaient certainement aucun besoin de reproduire pour nous-mêmes ce que nous ressentons plus qu'ailleurs.

« Nous traversons, retrace à son tour la presse locale,
» une des périodes les plus critiques de notre histoire,
» et il ne faut pas s'étonner si la surexcitation des esprits
» et l'abaissement de nos caractères enlèvent à nos mœurs
» les qualités qui les distinguaient jadis. »

Tout ce qui s'écrit ainsi de loin et de près pourrait paraître un jour plus qu'incroyable et plus qu'invraisemblable si nous ne nous trouvions contraint, pour notre défense personnelle et les indignités dont on l'accable, de reproduire, comme nous le faisons, tant de hontes publiques et tant d'humiliations personnelles.

Nous n'aurions certes pas eu besoin de tant de précautions oratoires, pour faire comprendre ici et par chacun ce que sont toutes nos tendances et toutes les inspirations sociales, pour démontrer jusqu'où peuvent pousser l'indignation à solliciter non du public mais du vrai juge du pays la réparation qui est à réclamer et toute la réhabilitation qu'il y a lieu d'attendre.

Lorsque nos œuvres récentes n'ont que le but honorable de réformer une vieille institution qui n'est plus dans nos mœurs, non-seulement ces œuvres ne sont pas lues, mais elles sont délaissées par ordre et par mépris.

Lorsque nous nous voyons réduits à nous adresser aux presses et aux feuilles locales, on se fait presque une satisfaction particulière de narguer par un refus habituel le magistrat qui avait la plus haute voix pour la distribution des annonces judiciaires.

Mais lorsqu'enfin de toutes parts on est ainsi traité par le pouvoir, par la publicité et par toute publicité écrite ou verbale, ne faut-il pas en venir à cette grande voix qui

domine toutes les autres, qui établit la vérité et qui pro-
clame cette justice qu'en France on ne refuse à personne
et qui survit à tous nos désastres et à toutes nos discor-
dances sociales.

Puisque nous en sommes réduits à cette défense qu'on
ne connaît pas encore assez dans le pays où elle est aussi
nécessaire qu'ailleurs, qu'il nous soit permis d'invoquer
les souvenirs de notre magistrature elle-même et ce qu'on
retrouve avec tant de satisfaction dans cette dernière notice
historique sur un académicien des sciences morales et
politiques si bien retracée par un secrétaire perpétuel de la
même Académie et une de nos plus anciennes affections.

« Les premières lueurs de notre jurisprudence sur les
dommages et intérêts apparaissaient déjà vers le milieu de
la Restauration et sous notre présidence même, lorsqu'on
vient de dire de l'académicien dont on a célébré la mémoire : — « Que Charles Dunoyer montrait alors aussi
» ces tendances nouvelles sur cette route forcée, mais lente
» de la civilisation nouvelle, où chaque pas qu'elle fait est
» un progrès qu'elle accomplit, où chacun, sachant davan-
» tage, travaillant mieux, se conduira avec mesure. Il
» pourra ainsi obtenir aide de la justice et des bons ci-
» toyens dans la recherche et dans l'application de son
» droit. Il tirera parti du droit naturel qui pénètrera de
» plus en plus les lois et fera tourner à son profit la ga-
» rantie des corps et la responsabilité individuelle dont il
» entendra de mieux en mieux les rapports : état de sécu-
» rité et de raison, de justice, de liberté et d'accord vers
» lequel tendent les peuples qui parviennent à s'y mouvoir
» sans trouble et à s'y reposer sans affaissement. »

Si l'on n'est pas encore habitué à l'exercice de ce droit, c'est cependant lui seul qui est ce véritable prolégomène qui ne doit être lui-même que la simple préface devant servir à l'intelligence de toute défense personnelle.

Nous en sommes forcément réduits, non à reproduire de simples inspirations passagères, mais de ces documents certains et invariables, consignés dans nos greffes, à l'abri de tous nos troubles et de toutes nos calamités publiques.

C'était même en pleine Restauration que dans une cause correctionnelle et sous notre présidence dont il ne serait pas indifférent de connaître aujourd'hui quelques détails assez piquants et fort significatifs ; il convient néanmoins d'abréger et de ne pas trop parler de soi.

Cependant quand un trait de Parthe est lancé à propos, il finit par atteindre le but.

Un frère calomniait honteusement sa sœur par des lettres anonymes jetées à la poste. Le calomniateur fut saisi sur le fait, traduit en police correctionnelle. Le président du siége était déjà connu par des tendances que le barreau se plaisait aussi de partager. Ce fut même avec assez de circonspection et de ménagements qu'on osa formuler cette première demande en se mettant soigneusement à l'abri par la petitesse de la somme requise.

Après condamnation à l'emprisonnement et à l'amende, le motif, le seul motif qui fut prononcé sur la demande subsidiaire fut celui-ci, qui prit date et importance en juris-
» prudence nouvelle : *Attendu qu'il n'a été demandé*
» QUE 500 *francs de dommages et intérêts, le tribunal*
» *les adjuge avec dépens et contrainte.*

Mais de ce premier degré de justice inférieure, n'a-t-il pas été franchi une assez grande distance ? on venait donner plus qu'un exemple de doctrine ; on établissait par un fait et dans le plus haut rang cette jurisprudence, qui, non comprise encore alors, ne pouvait être que mal secondée par la magistrature qui ne voulait pas la comprendre.

Le journal le plus hostile au pouvoir nouveau se montrait chaque jour d'une opposition qu'on était fort disposé à supporter personnellement et qu'on aurait voulu faire généralement adopter.

Mais cette opposition en vint malheureusement à vouloir mettre en contradiction nos principes libéraux avec quelques actes de notre administration répressive.

Toutefois ce ne fut point par le seul effet de l'amour-propre que notre plainte fut personnellement portee contre la *Gazette du Midi*.

Le 7 février 1833, descendant du premier siége du ministère public, le procureur général en nom personnel porta une plainte en injures et outrages, comme il en avait été déjà donné l'exemple à plusieurs fonctionnaires publics. Il était nécessaire par cet acte de chef de parquet de renouveler une telle demande personnelle en se constituant partie civile et en demandant de forts dommages et intérêts, qui furent élevés à la somme de 30 000 francs. Par une telle conduite pleine de fermeté, il fallait bien établir qu'on n'était point en désaccord avec des principes déjà publiquement professés et avec un système qu'il fallait importer en lui faisant passer la Manche.

La *Gazette du midi* fut résolûment traduite aux assises des Bouches-du-Rhône. Mais l'attitude du jury et toutes les sympathies qu'il nous donnait dans chaque affaire pareille ne purent obtenir de la cour d'assises elle-même que ce faible concours qui indiquait sa faiblesse et son mauvais vouloir.

S'il ne fut accordé qu'un dixième de la somme demandée, le procureur général n'en fut pas moins vengé par les encouragements simultanés et réciproques du gouvernement et du public.

Le gouvernement était alors moins enclin à la résistance légale puisqu'il ne tarda pas à préférer la voie de la corruption dans les élections et dans la presse.

Souvent, nous l'avons dit, et nous en donnions l'exemple à toute rencontre : l'intimidation par voie des dommages et intérêts aurait certainement suffi pour maintenir les lois et le trône, et c'est à ce sujet que nous voulions conserver les seuls principes qui pouvaient tout sauver.

Si ces principes étaient certainement alors ce qu'ils doivent être aujourd'hui et dans tous les temps, il ne faut pas plus maintenant que jadis biaiser pour leur maintien et persévérer dans leur application.

N'est-ce pas ce que nous faisions encore dernièrement nous mêmes à l'occasion du buste de lord Brougham et qui donne lieu à un procès rapporté tout au long dans le deuxième volume de notre ouvrage sur la *Justice et les Juges,* page 460. Lorsque nous avons seulement voulu interrompre une prescription il ne nous paraissait pas encore trop convenable de saisir des juges locaux surpris par tant d'événements.

Mais en abordant nos faits actuels qui vont donner lieu à une demande justifiée comme celle-ci et comme il ne peut y en avoir de pareille, il faut qu'on se pénètre bien des déductions que présentent nos annexes et de la condensation de tant d'actes disséminés dans la multitude de rapports qu'aurait rédigés au besoin toute commission d'enquête, tous mémoires sur tant de sujets variés et tant de récits plus contradictoires les uns que les autres.

Il ne s'agit plus de manquements acerbes en politesses et en égards. Il s'agit sérieusement dans le fond et dans la forme d'avoir excité des collègues et tout un corps, le public et la tourbe, contre un vieillard qui ne cherchait qu'à disposer de ses biens, à créer des établissements utiles et à s'entourer d'une famille qu'il s'est choisie depuis tant d'années pour remplacer celle qui s'est si longtemps montrée étrangère et qui maintenant à mesure qu'arrivent nos dernières années essaye vainement de se rapprocher et de faire oublier le passé.

Si l'on pouvait comprendre tout le trouble et les bouleverséments qu'ont dû procurer de telles imprudences et tant d'inconséquences, il y aurait certainement lieu d'être confondu, anéanti et consterné par une espèce d'effronterie de métier et de race. Pour mon compte je n'avais pas encore vu rien de pareil dans ma longue existence.

Comment donc reculer devant des expressions qui ne sont que trop justifiées par les faits et par certaines habitudes assez étudiées et assez intéressées ! Alors pourquoi ne pas ajouter encore ce qu'on disait jadis d'une piété ouverte ou cachée que tous les Tartufes faisaient métier et marchandise de leur dévotion !

Mais après avoir essuyé un premier refus et lorsqu'on se laissait encore aller jusqu'à la chambre de discipline pour tout apaiser dès le principe et tout arrêter au fond,

on ne rencontre encore en forme et au fond qu'une con-
tinuation volontaire ou involontaire de silence malsain et
d'expressions qui ne sont pas meilleures.

S'il est pénible de laisser entrevoir un président de cette
chambre, le plus inoffensif et le plus instruit de son corps,
il est impossible à l'égard d'un corps quelconque de passer
sous silence des procédés qui vont jusqu'à oublier la date
et la forme des lettres, puisqu'ils veulent tout infliger à un
modeste client qui ne réclamait que l'exercice du droit de
disposer de son bien.

Que si l'on daigne relire cette lettre adressée au président
et à tous les membres de la chambre des notaires d'Aix à sa
date du 7 avril, on verra non sans surprise et douleur si
un offensé de notre ancien rang a pu pousser jusqu'au dernier degré l'oubli de toute rancune et de toute méprise
pour arriver à un accommodement quelconque.

Ces pièces qui seront jointes à la requête présentée à nos
juges, n'en seront pas moins à la disposition de tout adver-
saire par les communications qu'exige toute justice réglée
et qu'autorise toute défense réciproque.

S'il n'y a donc plus rien à ajouter à travers toutes ces
misères et à tous ces manquements de politesse et d'é-
gards, il n'y aura certainement pas lieu à s'appesantir sur
la nécessité, la légalité et la quotité de la demande en dommages ; car il serait difficile et certainement impossible de
porter plus loin le préjudice, ce véritable *damnum*, qui fait
la perte d'une considération publique et le malheur individuel de tout être vivant.

Nos précédents en disent assez là-dessus, et c'est en y
persistant avec ténacité qu'on établit une jurisprudence qui

ne fait tort ni à celui qui insiste, ni à ceux qui auront à en user dans l'avenir.

Toutefois comment se résigner lorsque les passions sont toujours plus en jeu, lorsqu'elles ont dû remuer plus que jamais une société assez indifférente pour la cause publique, mais toujours plus irritable et surtout plus irritée sur ce qui l'anime et ne cessera longtemps encore de l'exciter sourdement, avant, comme après 1763. On a beau mettre en parallèle la digne et récente tradition d'une ancienne baronnie, d'un notariat assez circonspect jusqu'ici et toutes enquêtes possibles, il faut en venir à ce qui a plus de valeur et plus de mérite, à cette attitude et à cet acte d'un vrai gentilhomme et à se souvenir d'un acte semblable si libéralement et si convenablement exécuté.

Cet acte est loin d'avoir trouvé auprès de tous les mêmes difficultés et les mêmes embarras.

Quoi de plus naturel, et en même temps de plus conforme aux principes qui ont dirigé toutes les actions de ma vie. La raison qui nous l'a fait préférer à un testament se trouve dans les termes même de l'article que nous avons cité. Un testament laisse toujours de l'espoir à des Antigones avides et avidement proposées de tous côtés. Jusqu'au dernier moment, toute tentative est permise alors et à chaque instant l'assaut eût été tenté. Ma résolution était trop bien prise et trop bien mûrie pour que j'eusse jamais à y revenir, et l'acte que je méditais avait le double avantage d'écarter tous solliciteurs, tous aspirants, tous assaillants et d'activer la mise à exécution de mes projets.

Et quoi de plus étrange d'un autre côté que cet acharnement illégal et injurieux pour notre personne à résister à

notre volonté toujours de plus en plus persistante. Croit-
on donc qu'un des plus nobles amis et le descendant d'une
des plus anciennes baronnies de Provence, qu'un ancien
procureur général peuvent prêter un instant l'oreille à des
bruits injurieux et hésiter un moment entre leur propre con-
viction longuement réfléchie, et les propos d'arrière boutique ou de petit racoleur surpris et éconduit ?

Mais ce n'était pas tout encore. Nous avions un autre
devoir à remplir et au moment même où il y avait lieu de
céder aux plus pressantes invitations et aux plus vifs témoignages de gratitude pour la haute distinction qui venait
de m'être accordée, nous nous rappelions ce que nous
imposaient les liens intimes qui nous unissaient à notre
si regretté Prévost-Paradol.

Depuis longtemps nous nous étions sans cesse nourris
de la pensée qui nous paraissait le plus honorer et le mieux
terminer une vie que nous n'avons cessé de vouloir embel-
lir par les souvenirs les plus consolants et par les établissements les plus souhaitables.

Notre première visite dans la maison d'un bon tuteur fut
suivie du meilleur accueil, et, s'il faut le dire, la première
ouverture fut très-favorablement reçue. Nos adieux se ter-
minèrent même dans cette première visite par l'assurance
qu'en deux heures nous étions devenus des amis de dix ans.

Ce devoir que nous remplissions, nous paraissait encore
plus imposé par le triste événement qui avait accompagné
les derniers instants de sa vie. Nous avons pensé que
c'était à nous, qui avions vu de si près son intéressante
famille, que cette tâche était plus spécialement recómman-
dée qu'à aucun.

C'était à Aix même, en recherchant dans nos souvenirs, que nous recueillons chaque jour les premières impressions d'une mère suédoise et de deux jeunes filles dont l'aînée surtout ressentait déjà les effets si opposés des deux cultes dont l'opposition ne va certes pas en diminuant.

Pourquoi ne pas le dire, quoi qu'il en soit advenu à l'heure présente, un résultat si opposé à cette première impression du plus jeune âge n'a pas manqué de nous frapper du plus grand étonnement. Et nous ne pouvons oublier qu'autrefois, la simple vue d'une soutane indiquait tout le libéralisme et toute la droiture d'une mère suédoise.

Tous les projets de part et d'autre furent expliqués. D'un côté, un avenir répondant à un passé digne en tout point de mon affection, de l'autre un avenir en contradiction avec les sentiments toujours professés par un père illustre et une mère si pleine de brillantes qualités.

Il n'y eut ni à hésiter, ni à délibérer de notre part. Toute explication n'eût servi qu'à rappeler de trop tristes souvenirs.

Le lendemain on était en wagon et le surlendemain le projet que j'avais si longtemps mûri se réalisait, grâce à mon inflexible volonté. C'est à Marseille que fut signé l'acte irrévocable et irrégrettable, à l'abri enfin d'un notariat suspectant et désormais suspecté.

Tel est l'exposé rapide d'une affaire dont on s'est tant occupé. Dès aujourd'hui, nous gardons un silence absolu, nous rapportons des faits ; les faits n'ont jamais tort : la justice l'établira.

CHAPITRE III

UN IMPOSTEUR, UNE PÉNITENTE

Ce fut le plus éminent de la loi et du pays le plus libre qui, en sursaut et dans la plus véhémente indignation, dévoilait sur l'heure une imposture, qu'on n'avait jamais vu nulle part.

« Comment serait-ce donc une vieille et docte cité, qui,
» en pleine paix, se laisserait aussi grossièrement sur-
» prendre par un de ses prestiges de costumes dont on
» abuse de la sorte, avec autant d'adresse, sous le toit
» marital, qu'au dehors et avec toute l'effronterie d'une
» publicité méprisée et vaincue!

» Comment, s'écriait encore, à toute voix, ce docte et
» puissant lord, comment, lorsque nous connaissons tous
» une des plus grandes familles d'Angleterre et qu'en
» chambre des pairs depuis plus de cent cinquante ans,
» sur ses cent dix comtes, les Jersey se maintiennent si

» dignement dans les vingt premiers rangs! Comment,
» devant une telle noblesse, comprendre qu'on ose se
» targuer si audacieusement et au loin d'avoir renié sa
» religion et sa patrie, une telle illustration et une. si
» grande fortune! Comment ne pas se récrier de toutes
» ses forces devant cette imposture inouïe et si étrange!

» Incontinent, quittons la table, allons éclairer le chef
» spirituel de l'Eglise, confondre et démasquer tous dégui-
» sements et mensonges, quelque prémédités qu'ils puis-
» sent être, quelque accrédités qu'ils soient déjà. »

Cet élan de race anglo-saxonne dut être aussitôt com-
primé ; des motifs qu'il faut taire ici, mais qui nous furent confidentiellement révélés dans l'exercice de nos
anciennes fonctions du ministère public, nous contrai-
gnirent déjà à un silence qu'il faudrait peut-être garder
encore, mais qu'on pourra indiquer plus tard.

Ce faux et nouveau Jersey, quoique rénégat de sa foi,
de sa famille et de sa fortune, put donc impunément continuer un tel rôle.

.Dès sa première scène, jamais drame ne s'est mieux
déroulé et n'a aussi bien réussi dans le monde, dans le
grand monde du jour et de la veille.

Pendant dix ans et plus, ce nom de Jersey était accepté
sans méfiance aucune, et même, par contre, il était pré-
conisé partout et pour tous.

Si une seule indiscrétion avait pu être commise auprès
d'une grande dame du pouvoir régnant, elle fut suffisante
pour faire recourir à une autre dénomination, dont l'origine n'a pu être plus connue en région septentrionale
qu'ailleurs.

Auprès des consulats anglais, suédois et norvégiens, on n'obtenait que des sourires, pour ne pas aller plus loin, et l'on aurait même refusé enquête de tous côtés s'il n'y avait eu le grand désir d'obliger d'une part et de désobliger de l'autre.

Pourquoi donc s'arrêter à de pareilles dénominations, lorsque des actes si bizarres de la vie la plus aventureuse ne présentent qu'une fantasmagorie continuelle?

Détournons les yeux de cet *institut de la jeunesse* fondé il y a seulement quelques années ; d'énormes sommes ont été données par les plus grandes dames du lieu. Sachons nous taire sur tout ce que doit taire un maître trahi chez lui, ce mari qui se croit encore revêtu d'un caractère magistral. Oublions une nouvelle industrie établie en même lieu, autour et devant des autels délaissés pour faire place à la peinture sur verre et en nouvelles perles considérables. Que dire de ces dons du conseil général, de l'archevêché et d'autres autorités? Traversons vite cette autre équipée avec armes, barbe et moustaches, sans succès, mais non sans désapprobation épiscopale, publique, sans dépenses, au préjudice marital et non sans ridicule pour tout le monde.

Jusqu'en l'an de grâce 1871, la dénomination suédoise ne fut prise qu'en abandon de la famille anglaise de Jersey. Mais il n'importait à aucune d'opposer le contraire en communion religieuse, prise, reprise et abandonnée. C'est ainsi que sous le même couvert on était toujours accepté par le haut clergé de la métropole. D'aucuns cherchèrent bien, dès l'abord, à pénétrer quelque secret de ces origines ; mais, soit difficulté pareille, soit toutes recherches, l'indifférence et le dégoût ne provoquèrent qu'une sourde opposition ; tous furent bientôt au dégoût d'eux-mêmes.

Un seul ne fut jamais dégoûté de lui-même ; aussi avant, pendant et après tant de transformations, de rôles, de costumes et d'idées, aujourd'hui surtout, dans les rues et ailleurs, la tenue est plus assurée, la démarche plus étudiée et la tête plus haute ; il croit imposer parce qu'on le regarde sans le considérer.

Mais le temps fit son œuvre et, après bien des mystifications et une campagne entreprise au mépris des lois canoniques et de la discipline religieuse, il ne rencontra alors qu'une froideur désespérante.

Dès ce moment, il fallut songer à la retraite, et le 1ᵉʳ octobre de la même année 1871, délaissant une grande habitation et une petite fabrique de vitraux, il quittait la ville d'Aix et se retirait au monastère d'Arcueil, où il entrait en qualité de professeur de langues vivantes.

L'établissement qu'il avait voulu fonder à Aix à l'aide de l'intrigue et de l'imposture était livré à l'enchère pour être cédé au plus offrant, afin d'essayer de combler, s'il était possible, tant d'arrérages accumulés. Par suite de la vente qui allait se faire, n'y aurait-il pas eu lieu d'intervenir à la distribution du prix d'achat fait par la ville? N'y aurait-il pas eu occasion d'exercer l'intervention d'une partie prenante par suite de tout ce qui avait été donné au préjudice de l'entretien matrimonial d'immeubles délaissés?

Quelque étrange que fût une pareille proposition, et quelque surprise qu'il y eût à l'établir et à la faire reconnaître, il parut suffire alors de s'en fier pour l'avenir à quelque discussion publique qui ne devait conduire qu'à des révélations stériles, mais peut-être exemplaires.

D'un autre côté, on a mieux agi, on a tout conduit à faire oublier ce passé et à se montrer le vainqueur le plus heureux et le plus effronté en prenant plus qu'auparavant, et en se mettant à l'abri sous la conduite et le couvert authentique du notariat et du jésuitisme réunis.

Mais pourquoi s'arrêter ainsi sur tant de transmigrations et d'évolutions auprès des dominicains d'Arcueil ou autres? Gardons surtout ce silence qu'imposent les plus honteux secrets. Un ancien chef de haute police doit aussi savoir comment on sait tout sans violer les lois. La responsabilité des postes ne va pas au delà des mains de ses employés directs et journaliers. Dès que les lettres sont remises avec leur adresse à quelqu'un du domicile marital, le maître de maison a droit de voir et de tout savoir. Des muets qui ont vécu dans cette atmosphère n'avaient besoin d'inspiration à ces sujets : ils devinaient tout, arrêtaient tout et faisaient le reste.

Arrivons sans être certainement au bout de ces plus étranges anomalies, arrivons à ce dernier acte olographe écrit en entier, daté et signé d'une main égarée, mais déposé dans une de ces mains qui ne s'égarent jamais dans l'ombre et dans leur but.

CHAPITRE IV

UNE PÉNITENTE ET SON TESTAMENT

« J'institue pour mon légataire universel M. l'abbé
» Adolphe de Jersey de Bonde, directeur de l'œuvre de
» la jeunesse d'Aix, demeurant à Aix, cours Sainte-Anne,
» n° 19..... Telles sont mes intentions que j'ai écrites,
» signées et datées de ma main, 1er juin 1867. »

Pendant cinq années et au décès qui avait lieu le 15 octobre 1872, ces dispositions ont été couvertes du plus inviolable secret.

Mais lorsqu'on connaît bien et qu'on pouvait certainement deviner exactement quels étaient les meneurs de tels tours et détours, les auteurs, directeurs et conducteurs de tels attentats jésuitiques et de si graves usurpations, il faut peut-être encore non se résigner, mais se taire.

Le tour est fait.

Toutes précautions étaient prises.

Ce ne serait point un notaire élevé en telle famille, endoctriné par de tels exemples, qui aurait ignoré ces dispositions formelles de la loi, et dont un article 909 de notre premier Code interdit de profiter de dispositions testamentaires tout ministre du culte assistant les derniers jours d'une pénitente.

Mais le jésuitisme, venant en aide, ignore moins encore ces moyens fallacieux d'éviter quelque disposition législative que ce soit. Si dans une succession si importante il n'y a plus qu'un successible, on se sera d'avance assuré d'une promesse inviolable et d'une résolution invariable, peu d'instants après la mort d'une sœur aînée.

Dans cette circonstance fatale et si douloureuse, comme dans les circonstances précédentes, trois cent mille francs disparaissent au préjudice de familles honorables et d'un compagnon de cinquante années magistrales. Les décès antérieurs des deux frères de cette famille ne sont pas différents de celui de leur sœur et ne présentent pas d'autres causes ni d'autres effets que ceux qui sont si cruellement ressentis aujourd'hui.

S'il est par trop pénible de relever de telles plaies sociales, il n'en est pas moins de devoir rigoureux d'indiquer d'où elles proviennent, et comment il sera permis un jour d'espérer la fin commune et ce but suprême si longtemps souhaité pour l'honneur des familles et la prospérité de l'État.

FIN

TABLE DES MATIÈRES

PARIS. — IMPRIMERIE DE E. MARTINET, RUE MIGNON, 2

www.ingramcontent.com/pod-product-compliance
Lightning Source LLC
LaVergne TN
LVHW022307170726
843503LV00006B/2371